SECRETOS DE YEIKEL

El pequeño gigante de la cocina

Yeikel Santos

Publicado por Ibukku, LLC
www.ibukku.com
Diseño y maquetación: Índigo Estudio Gráfico
Copyright © 2022 Yeikel Santos
Ilustraciones: Richard Hechavarría Castillo y Daykel Cardonell
Edición: Miriam Ancízar Alpízar
Fotos cubierta del libro: OCPPhotography
ISBN Paperback: 978-1-68574-208-9
LCCN: 2022916796

Índice

Dedicatoria 9

Prólogo 10

Agua de Jamaica 14

Agua de horchata 16

Jugo de remolacha, zanahoria, mandarina y manzana verde 18

Jugo de melocotón con papaya, piña y menta 20

Smoothie bowl de papaya tropical 24

Smoothie bowl de mamey 26

Ensalada de garbanzos y espinacas 28

Ensalada de kale con queso azul, melón y pera 30

Vinagre aromatizado 32

Puré de calabaza 36

Caldosa de viandas 38

Tacos de lechuga y atún 40

Vegetales salteados 42

Chop suey de pollo 44

Sándwich de tomate, aguacate y pesto 46

Papas rellenas 50

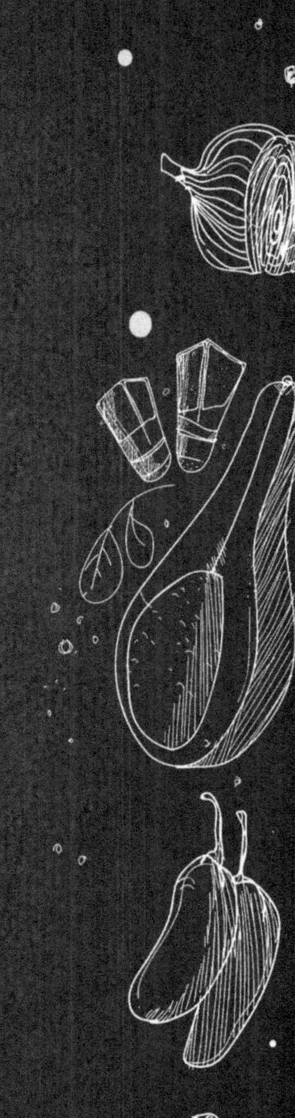

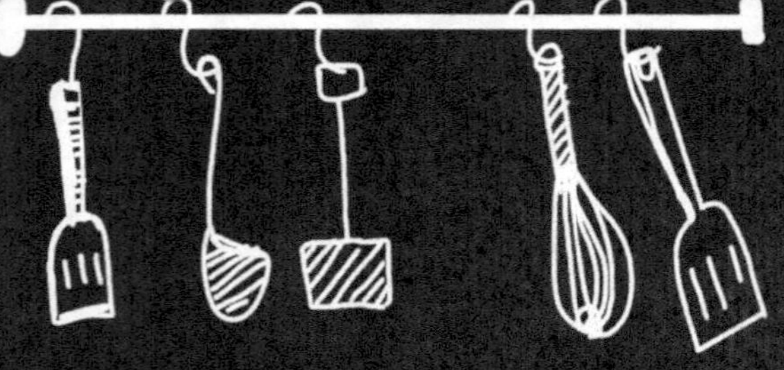

Frituras de calabaza aromatizadas con albahaca 52

Frituras de malanga aromatizadas con albahaca y ajo 54

Fufú de plátano 58

Bacán de plátano 60

Fetuccini con quimbombó 62

Penne pasta con camarones 64

Guacamole 66

Croquetas de pescado 70

Bistec encebollado 72

Picadillo a la habanera 74

Camarones al ajillo 76

Masas de cerdo fritas 78

Ropa vieja 80

Vaca Frita 82

Flan de caramelo 86

Flan de coco 88

Majarete con coco 90

Natilla con caramelo 92

Torrejas de la abuela 94

Plátano a la tentación 96

Malarrabia 98

Cascos de guayaba 100

Los mejores tips del programa 104

Secretos del Chef 110

Las carnes 112

Los pescados y mariscos 114

Las frutas y vegetales 116

Los postres 118

Términos de cocina 120

Consejos de limpieza 126

Como organizar de manera correcta nuestro refrigerador 131

Yeikel Santos Pérez 136

Bibliografía 139

Barriga llena, corazón contento:

Filosofía cubana del día a día.

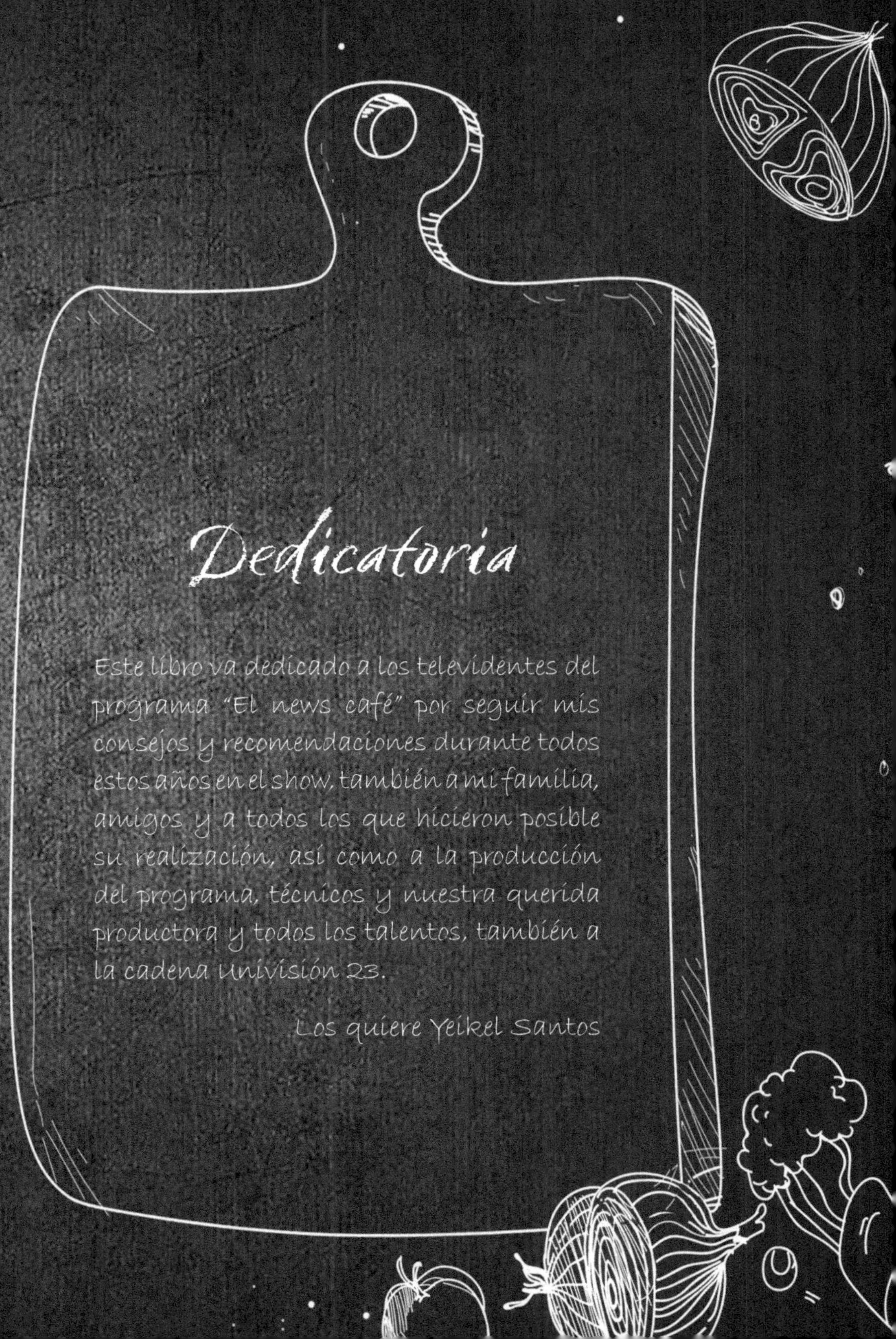

Dedicatoria

Este libro va dedicado a los televidentes del programa "El news café" por seguir mis consejos y recomendaciones durante todos estos años en el show, también a mi familia, amigos y a todos los que hicieron posible su realización, así como a la producción del programa, técnicos y nuestra querida productora y todos los talentos, también a la cadena Univisión 23.

Los quiere Yeikel Santos

Prólogo

Sus recetas son geniales. Sus tips de cocina son aún mejores. Pero lo que más admiro del Chef Yeikel es su pasión por comunicar y compartir sus conocimientos. Desde el día que me lo presentaron y me sugirieron apodarlo "El Pequeño Gigante de la Cocina" y lo vi reaccionar con emoción, sabía que teníamos algo bueno en nuestras manos. Y así fue. Son cinco años compartiendo con él en vivo en la televisión cada viernes, cuando nos trae sus consejos de cocina, bien pensados y nunca improvisados: prácticos, fáciles de hacer, en un lenguaje que todo el mundo puede entender y, por si fuera poco, perfectamente preparados para que llamen la atención en televisión. Eso no lo hace cualquiera. Tampoco cualquiera tiene la capacidad de reírse de sí mismo o que se rían de uno y tomarlo con gracia cuando la ocasión lo amerita. Esa sangre ligera se ve en cámara, pero aún más cuando las cámaras se apagan. Ver cómo se le rompía en pedazos

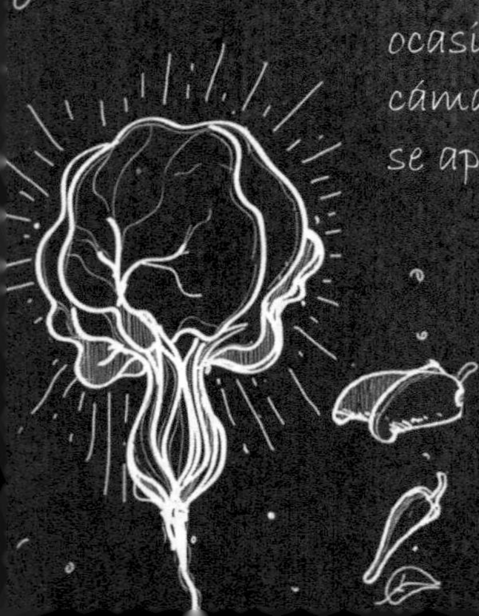

el vaso de su licuadora en pleno estudio de televisión, me trajo un poco de sufrimiento. Contrario al pensamiento común, son pocos los que aparecen en la tele a los que les sobra el dinero para andarse comprando licuadoras en cualquier momento – y no somos ni él ni yo. ¿Y la reacción de Yeikel en ese momento de "luces, cámara, acción"? "Todo bien". Y el show continuó. Y ha continuado por años. Ahora tienes en tus manos lo mejor del Chef Yeikel: una combinación de recetas y consejos prácticos, condensados por la necesidad de ser breves en televisión y llevados a este texto. Te admiro, querido Yeikel. El que tiene este libro en sus manos tiene mucha suerte. No tanta como la mía que aprendo de ti en persona cada viernes en la tele, pero mucha.

Alberto Sardiñas
Conductor de "El News Café"
Univisión Miami
Miami, 2022

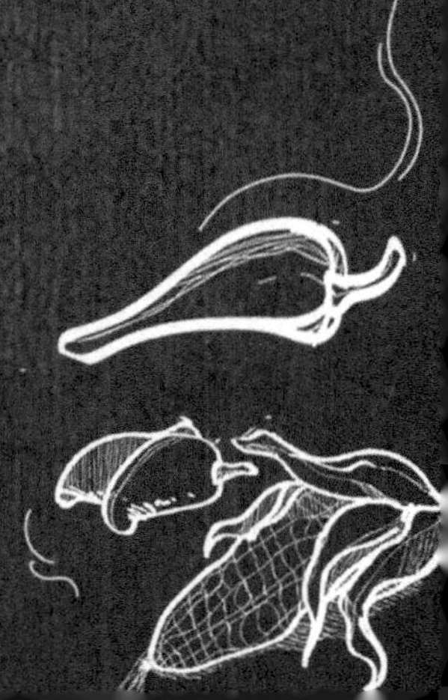

A falta de pan, casabe:
cuando no hay una cosa, se intenta con otra.

Agua de Jamaica

Ingredientes

1 1/4 taza de flores secas de Jamaica

3 tazas de agua

4 tazas de agua en una jarra

1/2 de taza de azúcar

2 tazas de cubos de hielo

Preparación:

Coloca las flores en una olla pequeña
con las 3 tazas de agua.

Pon en la estufa a temperatura media.
Dejar hervir por 3 minutos.

Retira de la estufa y deja reposar por lo menos
4 horas. También puedes hacer este paso desde la
noche anterior.

Vacía el líquido de las flores en una jarra con
el resto del agua y el azúcar utilizando un colador.
Puedes ajustar la cantidad de agua si crees que
el sabor es muy amargo para tu paladar.

Revuelve para disolver el azúcar:
agrega los cubos de hielo y deja enfriar.

Ajusta la cantidad de azúcar a tu gusto personal.
Quizás te gusta más dulce de lo que aquí se indica.

Agua de horchata

Ingredientes:

1 taza de arroz

1 1/3 de azúcar

1/2 taza de almendras

1 palito de canela

1 cucharada de vainilla

1 lata de leche evaporada

1 1/2 tazas de leche de vaca
o leche de almendras como sustituto

1 litro de agua más 1 taza

Hielo al gusto

Preparación:

Empieza remojando el arroz, la canela y las almendras en una vasija con agua. Deja la mezcla reposar toda la noche o durante 5 horas para que el arroz se ablande un poco.

Escurre el agua donde reposaron los ingredientes y en una licuadora muélelos con la leche evaporada hasta formar una mezcla ligera y los granos de arroz estén completamente molidos.

Con la ayuda de un colador quita el exceso de arroz vaciando la mezcla en una jarra, agrega el azúcar, la vainilla y la leche de vaca. Revuelve bien hasta que todo este perfectamente integrado.

Agrega el litro de agua y sirve con hielo a tu gusto.

Disfruta.

Jugo de remolacha, zanahoria, mandarina y manzana verde

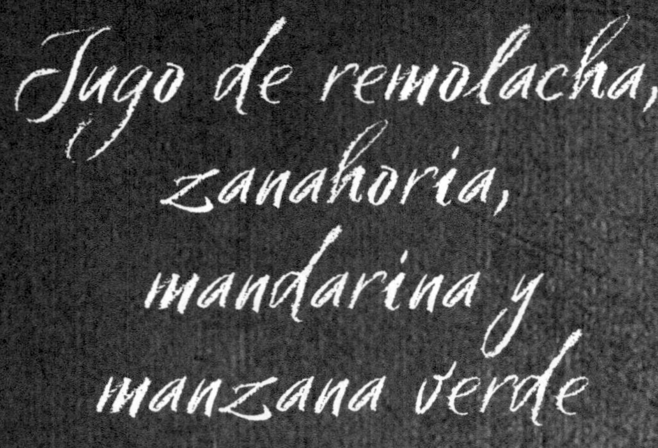

Ingredientes:

3 remolachas

5 manzanas verdes

3 zanahorias grandes

10 mandarinas

Hielo

Preparación:

Licua todos los ingredientes. Cuela y sirve con hielo.

Jugo de melocotón con papaya, piña y menta

Ingredientes:

1 papaya mediana

10 melocotones en conserva

1 piña

2 tazas de agua

2 ramitas de menta

Hielo

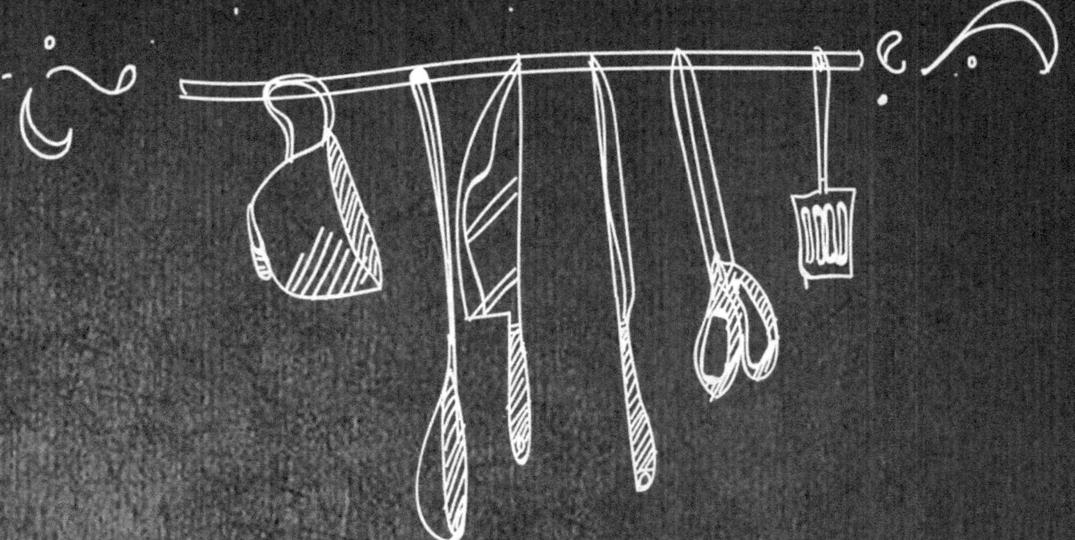

Preparación

Mezcla todos los ingredientes.

Licua hasta que el jugo este homogeneo.

Sírvelo con hielo.

Camarón que se duerme,
se lo comen los turistas:

la gran verdad.

Smoothie bowl de papaya tropical

Ingredientes:

1 papaya madura mediana congelada

1/2 piña fresca congelada

5 fresas grandes maduras congeladas

1 taza de leche de coco

1 banana madura congelada

1 aguacate

Preparación:

Licua todos los ingredientes en una licuadora de alta potencia hasta que la mezcla quede totalmente suave.

Vierte el batido en un tazón o tazones, de acuerdo a las raciones que desees, cubre con la guarnición.

Se toma de inmediato.

Para la guarnición necesitarás: coco seco molido, kiwi, moras, piña y fresas.

Smoothie bowl de mamey

Ingredientes:

Pulpa de 1 mamey congelado

Pulpa de 1 mango congelado

2 cucharadas de yogurt griego

4 cucharadas de miel de abeja

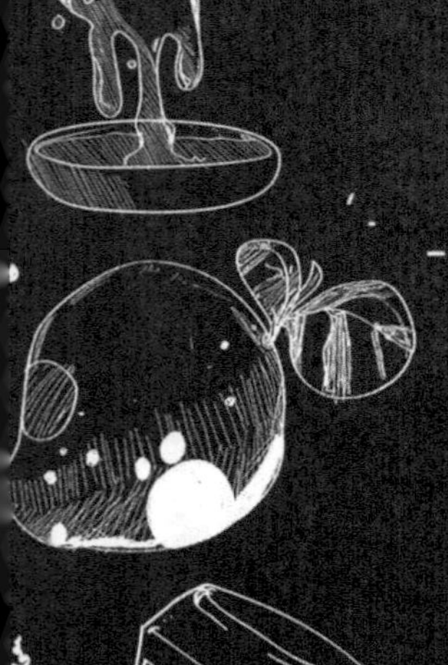

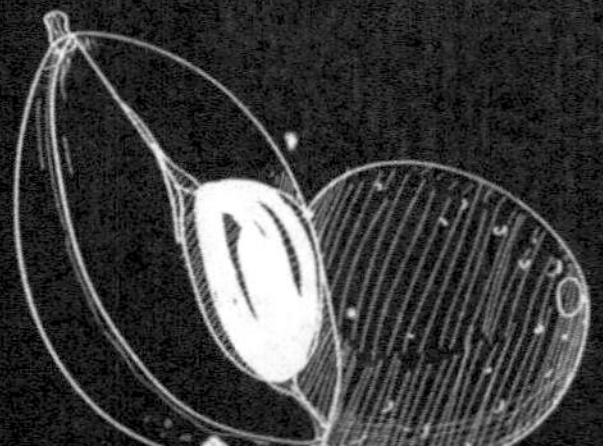

Preparación:

Mezcla todos los ingredientes en la licuadora o batidora hasta conseguir una textura uniforme.

Incorpora la guarnición.

Para la guarnición necesitarás frutas frescas al gusto: kiwi, fresas, piña, semillas de chia, nueces y semillas mezcladas con mani y chispas de chocolate.

Ensalada de garbanzos y espinacas

Ingredientes:

2 tazas de garbanzos cocinados

1 taza de maíz cocinado

200 gramos de espinacas frescas

1 ají pimiento rojo cortado en tiras finas

3 cucharadas de queso feta

8 o 10 tomates cherry variados

2 huevos cocidos

Cilantro fresco cortado finamente

Semillas de girasol

Preparación:

Coloca en una fuente los garbanzos, las hojas de espinacas, los tomates (puedes ponerlos enteros o cortados por la mitad), los granos de maíz y los pimientos cortados en tiras finas. Agrega el queso feta desmenuzado y los huevos. Para finalizar, adiciona el aderezo por encima. Decora con unas hojas de cilantro fresco.

Para el aderezo necesitas: el jugo de dos limones, aceite de oliva extra virgen aromatizado con albahaca, sal y pimienta al gusto.

Ensalada de kale con queso azul, melón y pera

Ingredientes:

1 bolsa de kale previamente lavada

1/2 melón cortado en dados medianos o bolitas

2 peras cortadas en tiras finas

3 cucharadas de queso azul desmenuzado

Jugo de dos limones

Aceite de oliva

Sal y pimienta

Frutos secos al gusto

3 cucharadas de semillas de girasol

5 cucharadas de arándanos rojos deshidratados

4 cucharadas de miel

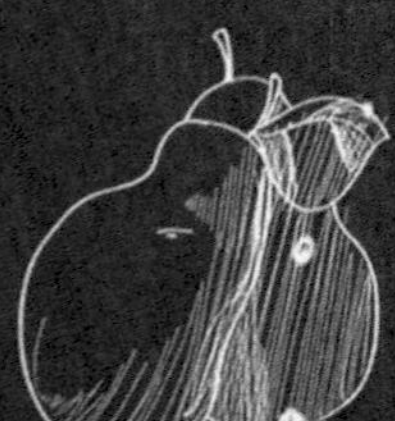

Preparación:

Mezcla la bolsa de kale con la pera, el melón y el queso azul. Agrega los frutos secos, las semillas de girasol y los arándanos. Por último, aliña con la vinagreta de limón, la cual prepararás al mezclar el jugo de limón con el aceite de oliva, la sal y la pimienta.

Vinagre aromatizado

Ingredientes:

1 botella de vinagre puro

1 mazo de ajo de montaña

4 ramitas de orégano de la tierra

3 ramitas de orégano cimarrón

8 hojas de cilantro

3 ramitas de mejorana

4 ramitas de romero

Procedimiento:

En una botella de cristal limpia y esterilizada se introducen las plantas previamente lavadas y se cubren con el vinagre puro.

Si se desea se pueden cortar finamente las plantas.

Luego se le coloca una etiqueta con el nombre del producto. Se le pone a la tapa una tela para darle un toque decorativo. Se guarda en un lugar fresco y se le da de 15 a 20 días para lograr aromatizar el vinagre con las plantas. Se puede emplear en frijoles, potajes, ensaladas, entre otros platos.

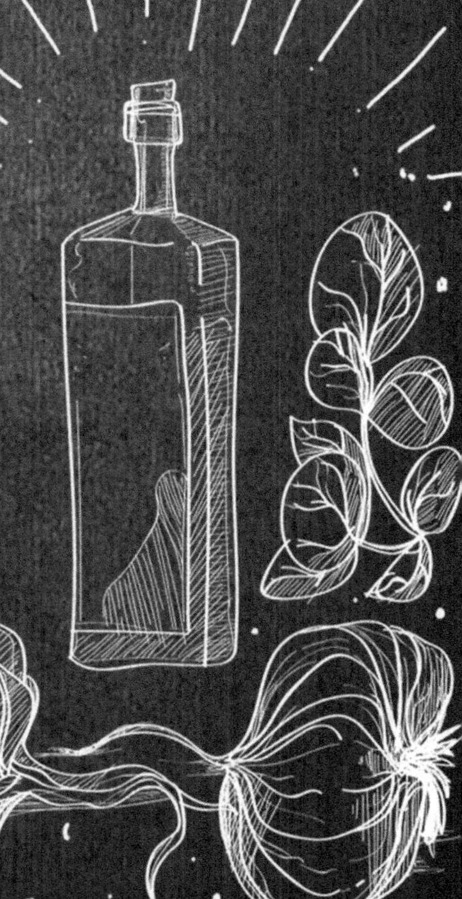

Donde comen dos comen tres:

Filosofía solidaria cubana para compartir la comida.

Puré de calabaza

Ingredientes:

1 kilogramo de calabaza

1 papa mediana

2 tomates maduros

1 cebolla amarilla mediana

1 pimiento rojo

1/2 taza de almendras laminadas y tostadas

1/2 taza de semillas de calabaza tostadas

6 dientes de ajo

4 tazas de caldo de vegetales

Aceite de oliva extra virgen

Sal y pimienta negra molida al gusto

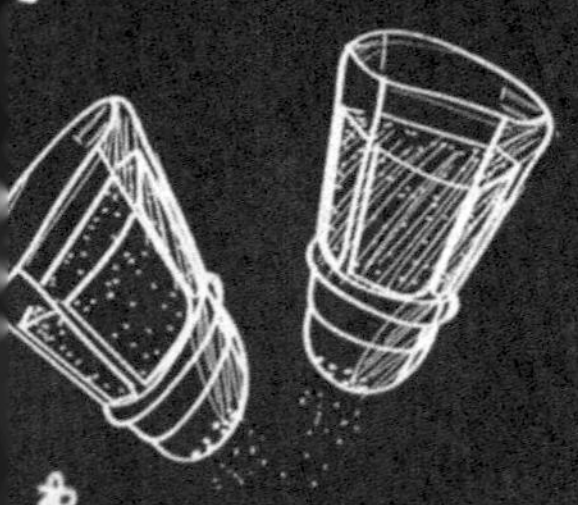
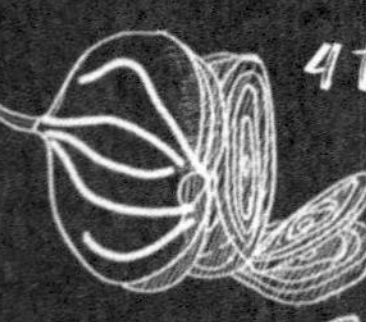

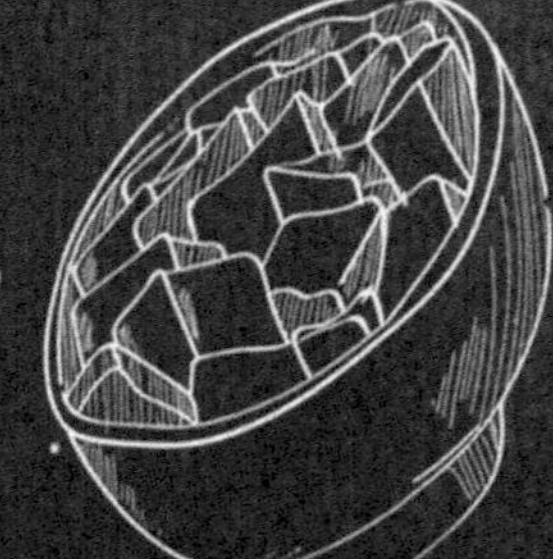

Preparación:

Cocina la calabaza, la papa y la zanahoria. Reservalas. Sofríe en una sarten el ajo, la cebolla, el tomate, el pimiento y una parte de las almendras. Cuando empiecen a adquirir un color tostado añadeles la calabaza, la zanahoria y la papa. Dale un par de vueltas, durante unos minutos, para que se impregne el sabor. Añade, entonces, el caldo de vegetales hasta que cubra casi todo y déjalo cocinar a fuego medio durante quince minutos con la olla tapada. Luego, licua todos los ingredientes y rectifica el punto de sal y el de pimienta. Vuelve a darle un hervor y sirve caliente.

Para decorar el plato utiliza almendras y semillas de calabaza tostadas, adiciona un chorrito de aceite de oliva.

Caldosa de viandas

Ingredientes:

2 litros de agua

2 platanos verdes

2 platanos pintones

2 mazorcas de maiz

1/2 cabeza de cerdo

1 cebolla

1 yuca

1 malanga

1 boniato

6 dientes de ajo

1 aji pimiento rojo

1 taza de puré de tomate

Condimentos al gusto

Sal al gusto

Jugo de limón

Preparación:

Se agrega el agua a una olla y se pone al fuego, se añade el cerdo, las mazorcas de maíz, el plátano verde, la yuca, boniato y malanga, todos cortados. Se cocina por 35 a 40 minutos y se agrega el plátano pintón. Cuando las viandas estén casi blandas, se adiciona el puré de tomate, la sal y el resto de los condimentos. Se sirve caliente con jugo de limón al gusto.

Tacos de lechuga y atún

Ingredientes:

8 hojas lechuga

2 tazas de atún

2 tomates cortados en dados pequeños

1/2 cebolla morada cortada finamente

Chile verde al gusto

4 ramitas de cilantro

2 cucharadas de mayonesa

2 limones

2 jalapeños cortados finamente

1 taza de maíz cocinado

Sal y pimienta al gusto

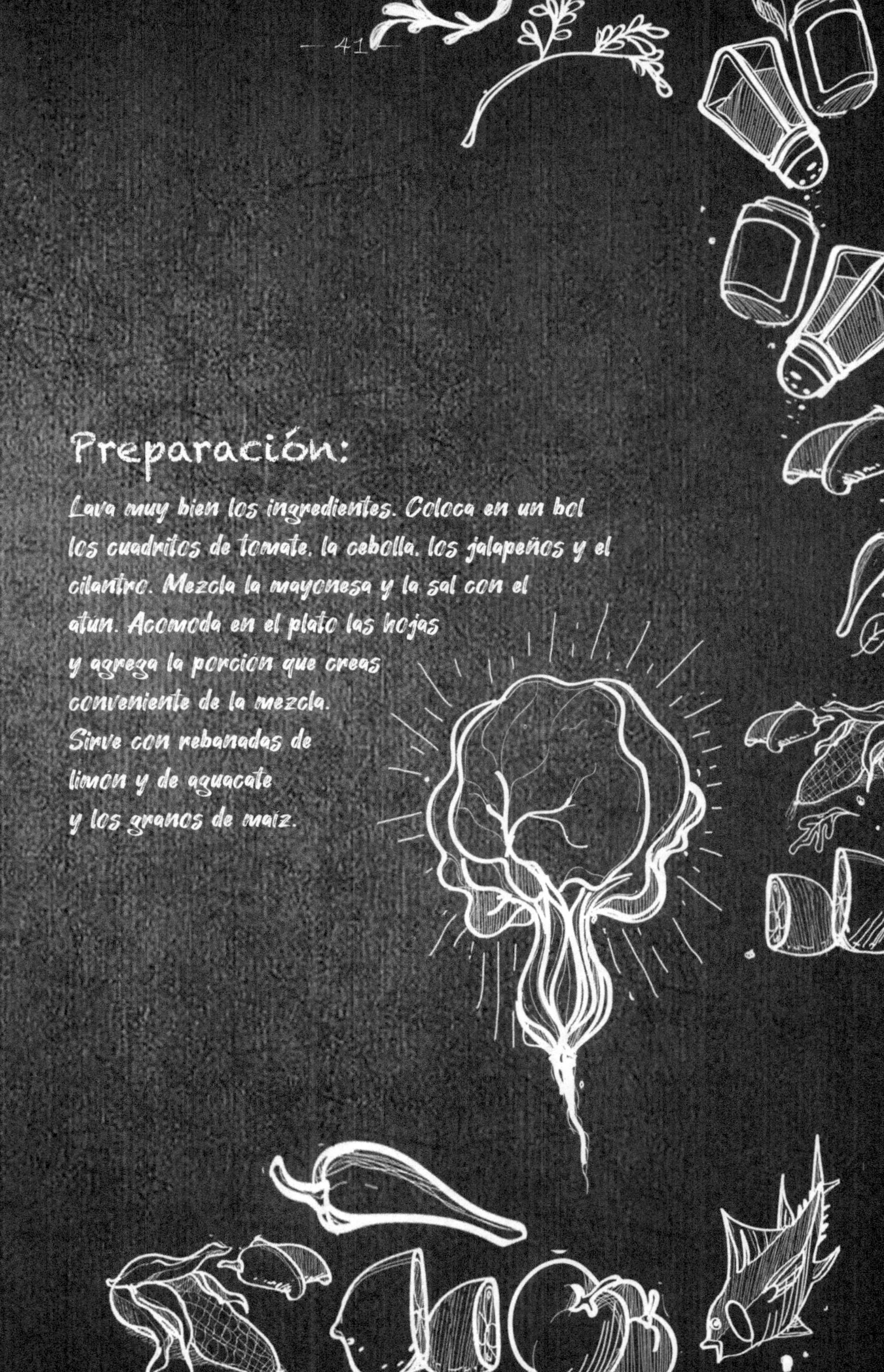

Preparación:

Lava muy bien los ingredientes. Coloca en un bol
los cuadritos de tomate, la cebolla, los jalapeños y el
cilantro. Mezcla la mayonesa y la sal con el
atún. Acomoda en el plato las hojas
y agrega la porción que creas
conveniente de la mezcla.
Sirve con rebanadas de
limón y de aguacate
y los granos de maíz.

Vegetales salteados

Ingredientes:

2 zanahorias

3 pepinos

2 pimientos

4 tomates medianos

2 cebollas blancas cortadas en ruedas finas

Un trozo de mantequilla o 3 cucharadas de aceite

Sal al gusto

Una pizca de pimienta negra molida

Procedimiento:

Por separado, se cocinan las zanahorias, pepinos y pimientos y se cortan en trocitos. Se trocean los tomates tambien en cuadritos y la cebolla en ruedas finas. Se derrite la mantequilla y se le incorpora la cebolla. Se sofrie por cuatro minutos y se le unen poco a poco los demás ingredientes. Se saltean con la mantequilla todos los vegetales y se puntea con pimienta y sal al gusto, para luego servir y decorar con ramitas de albahaca u otra planta.

Chop suey de pollo

Ingredientes:

230g de pollo troceado sin la piel

58g de frijolitos chinos

115g de acelga

1 pimiento rojo

1 pimiento verde

1 cebolla blanca

5g de jengibre

1 pizca de michin

1 cucharadita de maicena

3 dientes de ajo

10g de azúcar

1 pizca de sal

1 pizca de pimienta blanca

15g de cebollino

1 cucharada de salsa china

58g de aceite

58 g de caldo de pollo

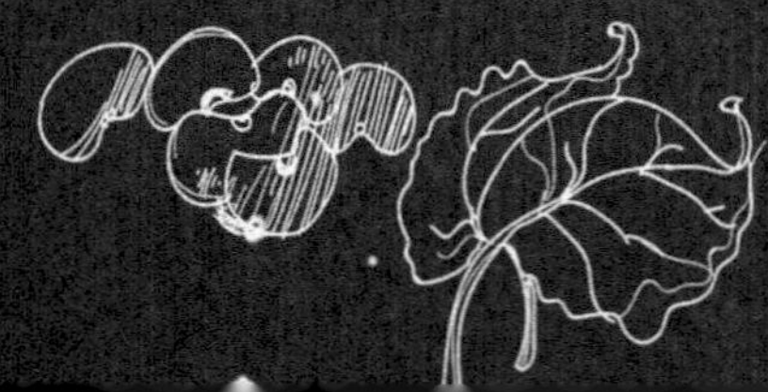

Procedimiento:

Salpimentamos la carne de pollo
con la sal y la pimienta blanca,
luego le incorporamos la maicena
y mezclamos. En la sarten,
adicionamos aceite y sofreimos
la carne. Luego lo hacemos
con la cebolla, pimiento, acelga,
cebollino, michin, azúcar y le
suministramos el caldo de pollo;
despues la salsa china y al final
los frijolitos chinos.

Sándwich de tomate, aguacate y pesto

Ingredientes:

1 tomate cortado en rebanadas

1 aguacate

2 cucharadas de pesto

2 cucharadas de queso crema

2 rebanadas de pan integral

4 – 5 hojas de albahaca

Sal y pimienta negra al gusto

1 cucharada de aceite de oliva

1 cucharada de vinagre balsámico en reducción

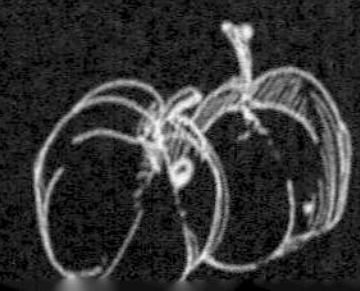

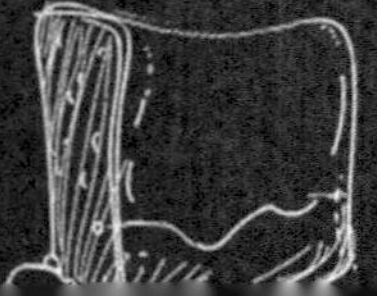

Preparación:

Luego de tostar el pan, añade el queso crema, el pesto, las rebanadas de tomate y de aguacate, las hojas de albahaca y por último el aceite de oliva, el vinagre, la sal y la pimienta.

Estás fresco como una lechuga:
Cuando estas animado y despreocupado de la vida.

Papas rellenas

Ingredientes:

6 papas grandes

1 lb de carne molida

3 tomates maduros pelados y en cubos

3 dientes de ajo picado finamente

1/2 cucharadita de comino

Sal al gusto

1 taza de aceite

1 huevo

1/2 taza de leche

1/2 taza de harina de trigo

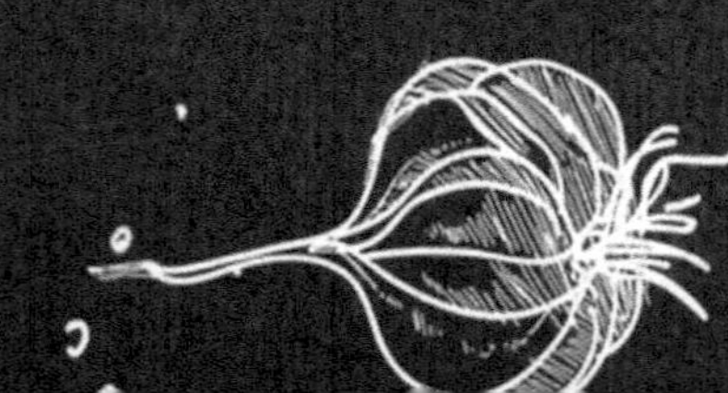

Preparación:

Lava las papas, pélalas, córtalas en cubos y llévalas al fuego con agua que las cubra, hasta que esten cocidas. Agrega sal a la cocción. Retira el agua de la olla y machaca las papas hasta hacerlas puré. Reservalas y deja que se enfrien. En una sartén, mezcla la carne molida, los tomates en cubos, el ajo picado, el comino y sal al gusto. Lleva al fuego hasta que la carne se haya cocinado completamente. Mezcla muy bien todos los ingredientes. Tomar un puñado de puré de papa, darle forma de bolita y con el dedo haz un orificio profundo para incorporar la mezcla de carne. Tapa el agujero con un poco más de puré, asegurandote de que quede bien sellado. Repite el procedimiento hasta que se acaben los ingredientes y hayas armado suficientes bolitas. En un recipiente profundo, incorpora el huevo crudo, la harina, la leche y una pizca de sal. Batir muy bien. Introduce las bolitas de papa una por una en la mezcla y luego llévalas a una sarten con aceite caliente. Frielas hasta que esten doradas completamente. Retiralas del aceite y déjalas escurrir en papel absorbente. Sirvelas inmediatamente.

Nota: El relleno lo puedes hacer de vegetales, cualquier tipo de carne o queso.

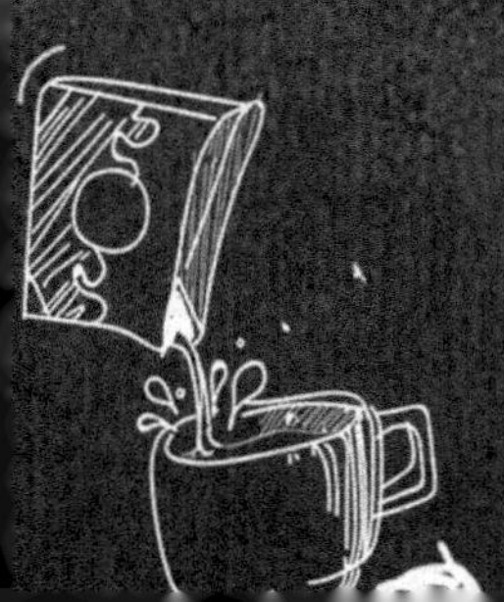

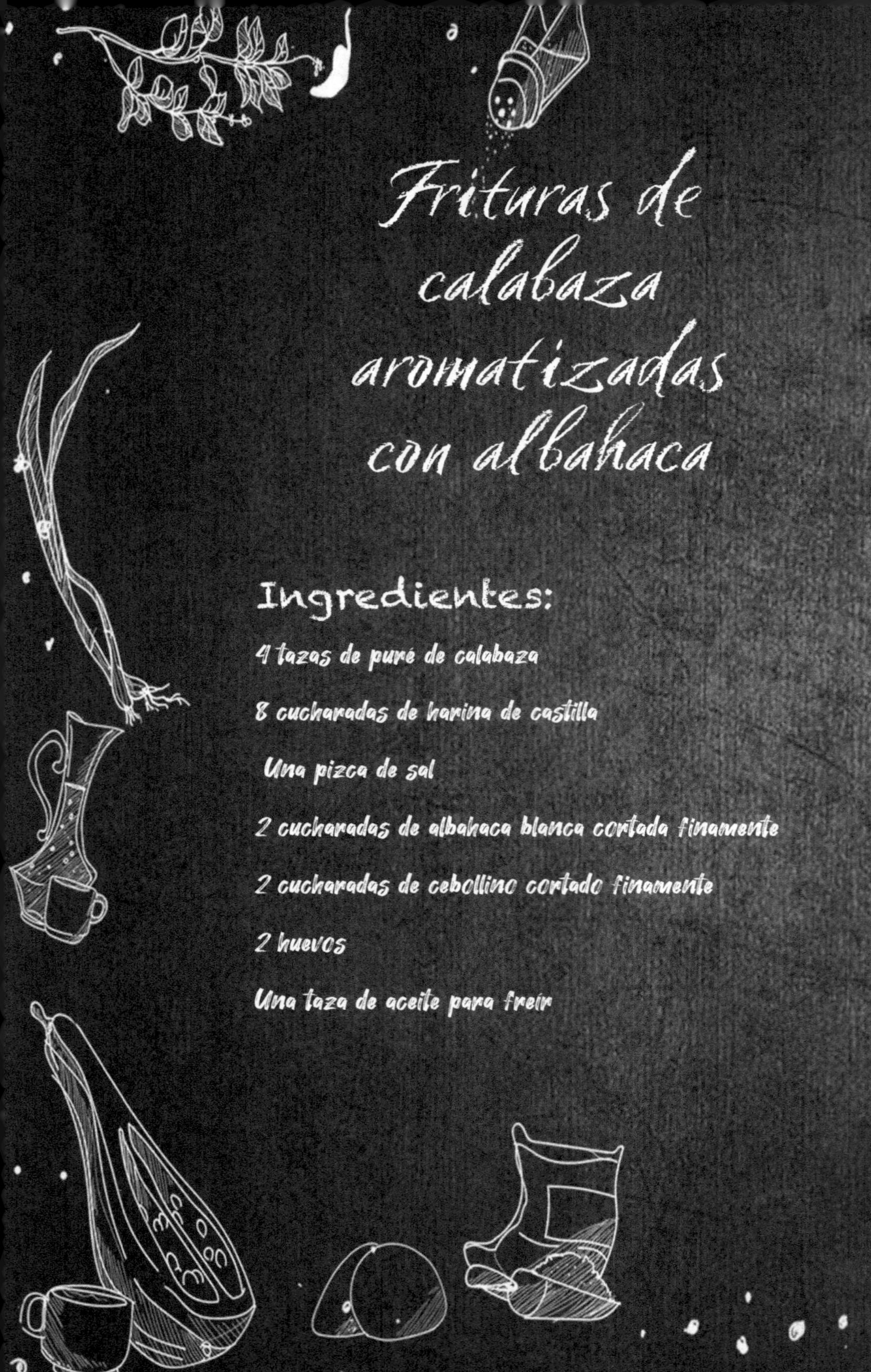

Frituras de calabaza aromatizadas con albahaca

Ingredientes:

4 tazas de puré de calabaza

8 cucharadas de harina de castilla

Una pizca de sal

2 cucharadas de albahaca blanca cortada finamente

2 cucharadas de cebollino cortado finamente

2 huevos

Una taza de aceite para freír

Procedimiento:

Se mezcla el puré de calabaza con los demas
ingredientes hasta lograr una masa espesa, y se
frie en aceite caliente. Es conveniente pasarlas por
servilletas de papel para eliminarle un poco la grasa
antes de consumirlas. Se pueden adornar con hojas
de albahaca blanca.

Frituras de malanga aromatizadas con albahaca y ajo

Ingredientes:

5 malangas ralladas

4 dientes de ajo cortados finamente

1 ramita de albahaca blanca cortada finamente

Sal al gusto

1 huevo

1 taza de aceite

Opcionalmente: una ramita de albahaca para la decoración

Procedimiento:

Una vez rallada la malanga, le incorporamos la sal,
el huevo y la albahaca cortada finamente hasta lograr
una mezcla espesa. Luego la freímos por porciones
en aceite caliente. Las podemos decorar con hojas de
la misma planta.

GRANOS
AZÚCAR
AL
ACEITE

Las cuentas claras y el
chocolate a la española:
Hablemos claramente.

Fufú de plátano

Ingredientes:

4 plátanos verdes

1 plátano pintón

4 dientes de ajo

1 naranja agria

2 cucharada de aceite o mantequilla

Sal al gusto

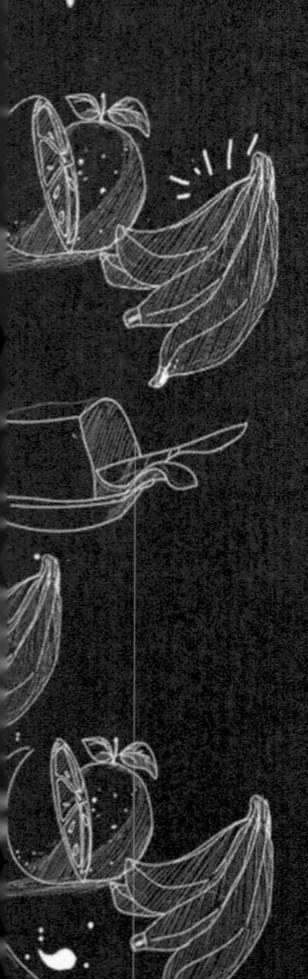

Preparación:

Se cortan los platanos en 2-3 partes y se hierven con sus cascaras en agua con sal y jugo de naranja agria hasta que se ablanden. Se pelan y se reducen a puré, ya sea aplastados o moliendolos en una maquina de moler carne. Esto se hace sin dejar enfriar los platanos. Se añade el ajo, el aceite y la mitad del jugo de la naranja agria al puré de platano, se mezcla todo bien, se da el punto de sal y se cocina brevemente, a fuego lento, por unos minutos. Se sirve caliente.

Bacán de plátano

Ingredientes:

5 plátanos verdes

3 tazas de leche de coco

1 cebolla blanca

5 dientes de ajo

1 ají pimiento rojo cortado finamente

5 cucharadas de puré de tomate

3 limones

2 cucharadas de grasa

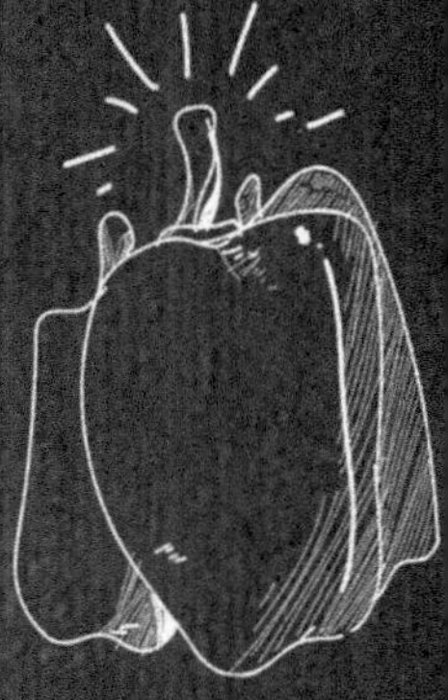

Preparación:

Se pelan los plátanos, se sumergen durante 10 minutos en agua con jugo de limón y se prepara un sofrito con la grasa, cebolla, el ajo, el ají y el puré de tomate. Se agrega la leche de coco y se cocina la salsa por breve tiempo. Se ralla el plátano, se forman bolas y se introducen en el sofrito. Se termina de cocinar a fuego lento aproximadamente 30 minutos.

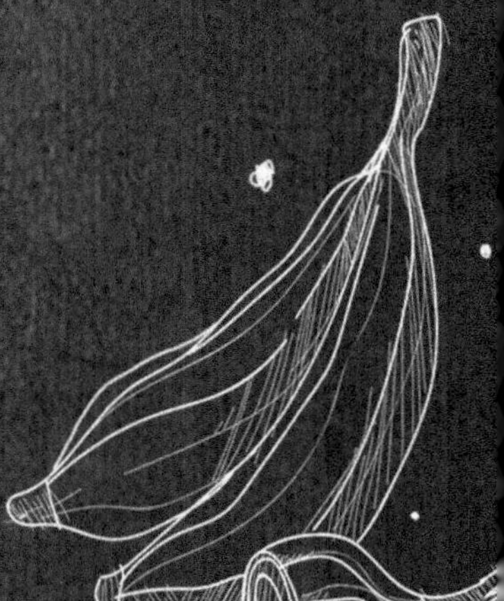

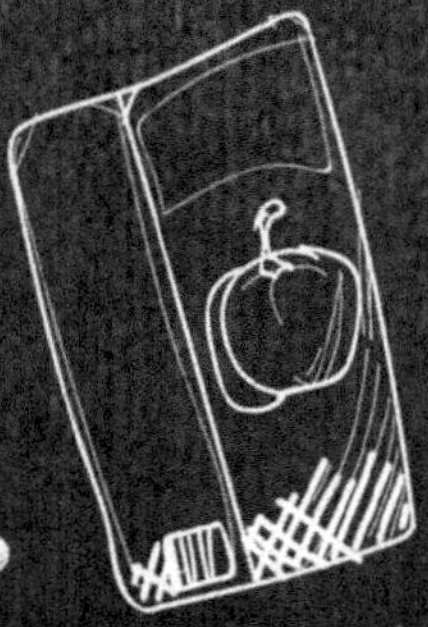

Fetuccini con quimbombó

Ingredientes:

1 paquete de pasta fetuccini

600 g de carne de cerdo

2 chorizos cortados en trozos pequeños

1 kg de quimbombó

1 cebolla blanca grande cortada finamente

1 ají pimiento rojo cortado en tiras

1 ají pimiento verde cortado en tiras

1 pizca de comino

5 dientes de ajo majados

1 taza de pasta de tomate

10 tomates pelados enteros

2 cucharadas de manteca de cerdo

Zumo de 4 limones

1/2 litro de agua

3 plátanos machos pintones

1 cucharadita de azúcar (opcional, para bajarle la acidez a la salsa de tomate)

Sal y pimienta al gusto

Preparación:

Lava el quimbombó, y corta las puntas. Pon el quimbombó en agua a la que hayas añadido jugo de limón, a fin de eliminar la viscosidad.

Pela los plátanos machos y ponlos a hervir hasta que se ablanden un poco. Déjalos enfriar, aplástalos y haz con ellos unas bolitas. En una olla honda pon las dos cucharadas de manteca y frie la carne de cerdo picada en cubos pequeños. Cuando ya esten dorados, adiciona la cebolla, el ajo, los pimientos y el azúcar. Una vez que la cebolla y los demás ingredientes adquieran un tono transparente y el ají este blandito, agrega los tomates, la pasta de tomate y el comino. Incorpora entonces el quimbombó.

Deja que la mezcla hierva. Cuando el quimbombó este blando, agrega las bolas de plátano y el chorizo. Espera a que hierva nuevamente. Una vez listo incorpora la pasta antes cocinada y sirve con queso feta.

Penne pasta con camarones

Ingredientes:

300 gramos de pasta penne

1 libra de camarones medianos limpios y precocidos

1 cebolla roja cortada finamente

3 dientes de ajo majados

Queso parmesano al gusto

1 taza de crema de leche

Sal y pimienta al gusto

Crutones de pan

Finas hierbas secas al gusto (opcional. Pueden ser orégano y albahaca)

Preparación:

Coloca la pasta en agua hirviendo con sal durante doce minutos. Cuando esté lista, al dente, escúrrela y reservala. Calienta el aceite en una sarten, agrega la cebolla y dejala dorar durante unos minutos.

Luego, añade el ajo, la sal y la pimienta, mezcla todos estos ingredientes y remueve la mezcla.

Añade los camarones y revuelve durante unos cuatro a cinco minutos tras los cuales debes incorporar la crema de leche, el queso parmesano y por último las finas hierbas. Rectifica el punto de sal y sirve las raciones con queso parmesano y crutones de pan. Decora, si lo deseas, con albahaca.

Guacamole

Ingredientes:

10 aguacates maduros

1 cebolla morada grande

5 tomates medianos maduros

1 chile serrano o un jalapeño (opcionalmente)

Zumo de cinco limas o limones

5 ramitas de cilantro cortado finamente

Sal y pimienta al gusto

1/2 taza de aceite de oliva extra virgen

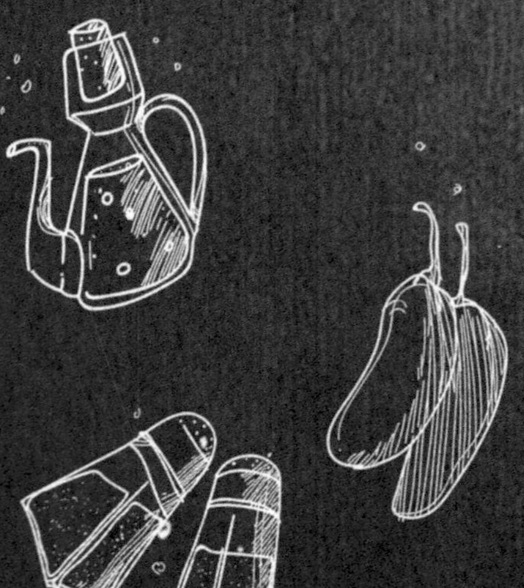

Preparación:

Lava el tomate y el cilantro. Pela la cebolla y córtala en dados pequeños al igual que el tomate al cual le debes quitar la pulpa y las semillas. Pica las hojas de cilantro lo más finas posible. desecha los tallos. Echa todos los ingredientes en un recipiente en el que prepararás el guacamole: si puede ser en un mortero de piedra. llamado molcajete. pues mucho mejor.

A continuación. prepara los aguacates. estos deben estar maduros pero no pasados. pues le darían un mal sabor al guacamole.
Corta los aguacates por la mitad. separa las dos mitades y retira la semilla. Para sacar toda la masa es preferible utilizar una cuchara. Echa la pulpa en el mortero o el recipiente. añade el zumo de las limas o limones. agrega la sal. la pimienta y también un chile serrano o jalapeño cortado finamente.
Machaca todos los ingredientes con el mortero para que la pulpa del aguacate se mezcle con los demás ingredientes. Quedará un guacamole con los trozos visibles. Una vez listo agrega el aceite de oliva y rectifica la sal y el jugo de limón o lima. Puedes acompañarlo con tortillas de maíz fritas.

No solo de pan
vive el hombre:
Esto aplica para la comida y otras áreas de la vida.

Croquetas de pescado

Ingredientes:

250 g de pescado cocinado sin espinas

1/2 litro de leche

90 g de harina de trigo

40 g de mantequilla

50 ml de aceite de oliva

Sal y pimienta al gusto

Nuez moscada

Comino

3 tazas de aceite para freír

Para el rebozado:

1 taza de pan rallado

2 huevos

Preparación:

Coloca la mantequilla en una sarten hasta que se derrita. Añade la harina y dale vueltas hasta que se tueste un poco. sin llegar a dorarse. Agrega la leche sin dejar de remover. Sazona con sal. pimienta. comino y nuez moscada. a tu gusto. Cuando la salsa bechamel se espese retírala del fuego.

Agrega el pescado previamente desmenuzado. añádelo a la bechamel y mezcla bien. Deja enfriar la masa a temperatura ambiente. Una vez fria. prepara un plato con pan rallado y otro con huevo bien batido. Con la ayuda de dos cucharitas forma porciones y depositalas encima del pan rallado. Rebózalas y dale forma con las manos. Moja bien las croquetas en el huevo y pásalas otra vez por el pan rallado. Luego. frielas en aceite caliente.

Ya fritas colócalas en un papel de cocina para que este absorba el exceso de grasa. Puedes consumirlas con una salsa rosa.

Bistec encebollado

Ingredientes:

750 gramos filete de res, bistec de bola
de 1/3 de pulgada de grosor

Sal y pimienta al gusto

4 dientes de ajo picado finamente

5 cucharadas aceite vegetal

1 taza de caldo de res

1/2 taza de cerveza

2 cebollas blancas rebanadas finamente

2 limones

Preparación:

Sazona el bistec con la sal, la pimienta y el jugo de limón. Echa aceite vegetal en una sartén grande y ponlo a calentar a fuego medio. Una vez caliente, agrega la carne y cocina durante 5 minutos (en este tiempo la carne liberará sus jugos). Añade la cerveza y el caldo de res. Una vez que se haya reducido, tapa la sartén y continúa la cocción.

Mientras la carne se cocina, en otra sartén agrega aceite a fuego alto. Una vez que el aceite esté caliente incorpora las cebollas y el ajo. Revuelve la cebolla hasta que adquiera un color dorado, cuida que el ajo no se queme. Adiciona las cebollitas doradas a la sartén del filete, mezcla, y cocina unos 3 minutos aproximadamente, tiempo suficiente para mezclar todos los sabores. Comprueba si necesita más sal, pimienta o jugo de limón.

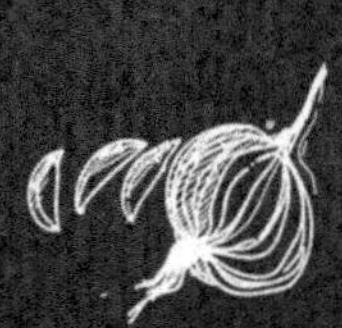

Picadillo a la habanera

Ingredientes:

450 gramos de picadillo (carne de ternera molida)
1/2 taza de vino seco
1 taza de puré de tomate
1/2 pimiento rojo cortado en tiras finas
1/2 pimiento verde cortado en tiras finas
4 dientes de ajo
1 cebolla
1/2 cucharadita de orégano molido en polvo
1/2 cucharadita de comino molido
1 hoja de laurel
1 papa cortada en cubitos pequeños y fritas (opcional)
Aceitunas al gusto sin semillas
Pasas uvas al gusto
Sal y pimienta al gusto
1/2 taza de aceite

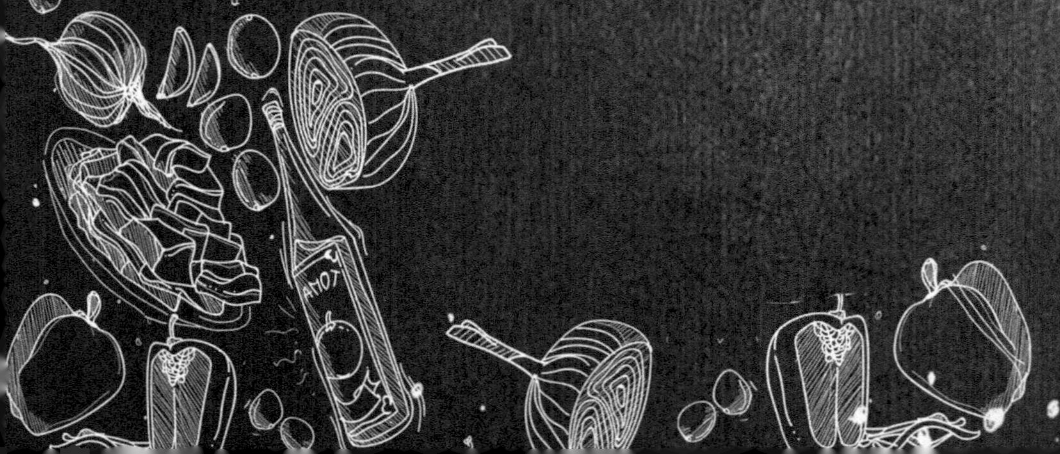

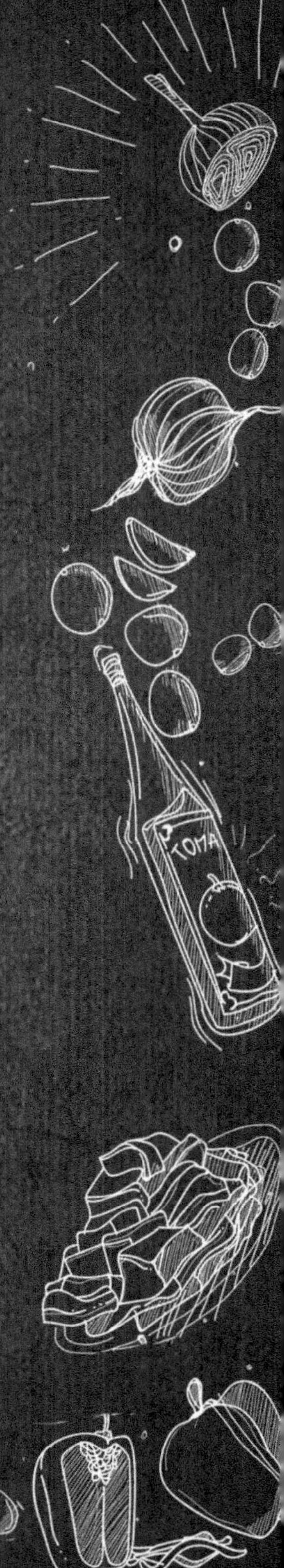

Preparación:

Sofríe el ajo, cebolla y los pimientos, hasta que las cebollas esten transparentes; cuida que no se queme el ajo. Añade el picadillo con una pizca de sal y cocina a fuego medio durante unos 5 minutos. Cuando la carne este parcialmente dorada, agrega el vino seco y sube el fuego para que se evapore. Agrega el puré de tomate, la hoja de laurel, el comino, el orégano y mezcla bien. Tapa y deja cocinar de 5 a 10 minutos hasta que se espese la salsa, pero no demasiado. Por último, echa las aceitunas, las pasas y las papas previamente cocinadas. Ponle la pimienta, rectifica el punto de sal, revuelve bien, tapa y baja del fuego.

Camarones al ajillo

Ingredientes:

1/2 cabeza de ajo

2 ají picantes

1 taza de aceite de oliva

1 taza de camarones limpios

1/2 taza de cognac o whisky

Sal al gusto

Pan para acompañar con la salsa

Procedimiento:

Se sofríen en aceite el ajo y el ají picante. Luego se incorporan los camarones y casi al final el cognac o whisky. Se sirve y adorna con cebollino y ají pimiento. Se acompaña con pan.

Masas de cerdo fritas

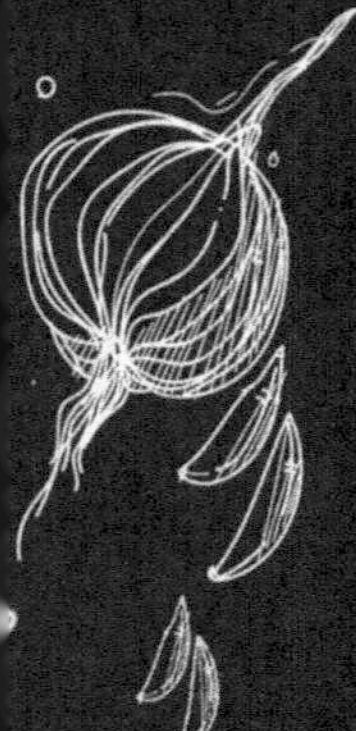

Ingredientes

3 lb de carne de cerdo limpia (1.4 kg)

5 dientes de ajo (10 g)

1/2 taza de zumo de naranja agria (120 ml)

1 taza de manteca de cerdo (240 ml)

1/2 cdta. de pimienta negra molida (3 g)

2 cdtas. de sal (10 g)

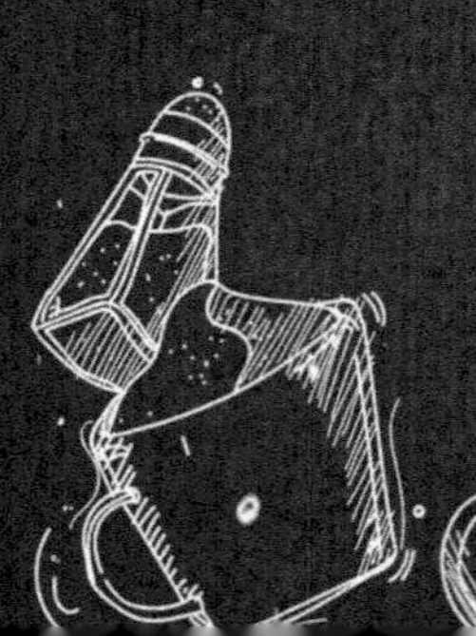
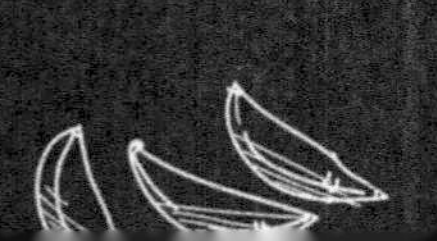

Preparación:

Cortar la carne de cerdo en dados de 5 cm. Adobar con sal y pimienta. Colocar en un recipiente de fondo grueso, con la grasa no muy caliente, hasta que ablanden. Aumentar el volumen del fuego para que doren. Sacar las masas y pasar a otro recipiente. Pelar y machacar los ajos, mezclar con zumo de naranja agria y añadir 3 cucharadas de manteca caliente. Con esta preparación rociar las piezas de carne en el momento de presentar. Servir acompañada con diferentes opciones de preparación como son: arroz blanco y frijoles negros, de moros y cristianos o de congrí, yuca con mojo, plátanos tostones, etcétera.

Ropa vieja

Ingredientes

2 1/4 lb de falda de res

8 tazas de agua (cocción de la carne)

1 hoja de laurel

1/2 cdta. de pimienta negra en grano

2 g de laurel

2 cdas. de aceite

5 dientes de ajo

1 cebolla

2 pimientos medianos (verde y rojo)

4 cdas. de vino seco

2 cdas. de zumo de naranja agria

Preparación:

Cocinar la carne en agua con la pimienta, el laurel y la sal hasta que ablande. Retirar, escurrir y refrescar. Extraer los pellejos y la grasa, y desechar estos. Separar en hebras la carne. Colocar el aceite en una sarten junto con el ajo cortado fino, llevar al fuego, cuando este empiece a desprender el aroma, incorporar la cebolla cortada a la juliana y cuando esta se ponga traslúcida adicionar el pimiento cortado de la misma forma. Incorporar la carne y rehogar todo junto durante 5 minutos. Adicionar la naranja agria y el vino seco. Puntear con sal.

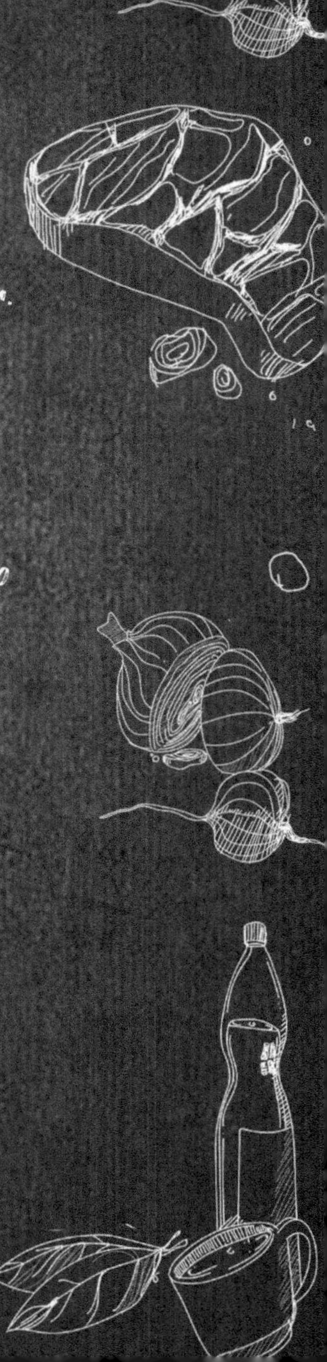

Vaca Frita

Ingredientes

2.2 lb de falda de res

8 tazas de caldo (cocción de la carne)

2 cdas. de aceite

5 dientes de ajo

1 cebolla grande

1/2 taza de zumo de naranja agria

Pimienta negra molida

1 cda. de sal

Preparación:

Cocinar la carne en agua, con la pimienta en grano, el laurel y la sal. Limpiar de pellejos y grasas. Cortar en lonjas de 1.5 cm de grosor, a favor de las fibras, de forma transversal. Colocarlas en un paño humedecido y aplastar suavemente. Majar o cortar finamente el ajo. Cortar la cebolla en rodajas y separar en anillas. Sazonar la carne con el ajo, la cebolla, el jugo de naranja agria y la sal, de 25 a 30 minutos. Poner una película de aceite en una sartén, a fuego mediano. Cuando esté caliente incorporar la carne y dorar por ambas caras. Extraer la carne. Incorporar a la sartén los ingredientes del adobo con el que fue sazonada la carne. Cocer durante 3 minutos hasta que la cebolla haya marchitado. Servir la vaca frita con las cebollas y el mojo por encima. Se sugiere guarnecer con tostones y congrí.

Fulanito es un ñame con corbata:

Frase que se usa para decir que alguien es muy bruto, aunque se vista muy fino.

Flan de caramelo

Ingredientes:

1 lata de leche condensada

1 lata de leche evaporada

3 huevos

1 cucharada de vainilla

1 pizca de sal

Para acompañar el flan podemos emplear (fresas y wip cream)

Para el caramelo:

5 cucharadas de azúcar blanca

1 1/2 cucharadas de agua

Preparación:

Colocamos en el vaso de la batidora las leches. los huevos. la vainilla y la pizca de sal. Licuamos todo hasta que esté integrado. Reservamos mientras preparamos el caramelo. Para preparar el caramelo echamos las cinco cucharadas de azúcar y la cucharada y media de agua y cocinamos a fuego lento para que el azúcar vaya calentando poco a poco hasta que hierva. A partir de este momento debemos tener mucho cuidado. Se trata de ir tostando poco a poco el azúcar hasta que caramelice completamente. Cuando ya esté hecho el caramelo. retiramos del fuego y lo incorporamos en un molde con tapa que sea resistente al microondas. Vamos girandolo sobre si mismo de forma que el caramelo se pegue en las paredes del molde. Es muy importante que el caramelo sobresalga cuando incorporemos la mezcla que hemos batido antes. No dejaremos que se ponga negro pues luego estará amargo. Una vez que lo hayamos puesto todo en el molde lo tapamos y colocamos en el microondas por solo ocho minutos. para saber que está listo le introducimos un cuchillo en el centro. si el mismo sale seco es porque está listo. Dejamos enfriar a temperatura ambiente o lo ponemos con agua y cubos de hielo en el fregadero hasta que se atempere para poder guardarlo en el refrigerador. Una vez pasado el tiempo con la ayuda de un cuchillo procedemos a separar lo que pueda estar pegado aún a las paredes. desmontamos y servimos con fresas y wip cream.

Flan de coco

Ingredientes:

1 lata de leche condensada
1 lata de leche de coco
1 lata de dulce de coco sin almíbar o coco seco rallado
3 huevos

Para el caramelo:

5 cucharadas de azúcar blanca
1 1/2 cucharadas de agua
Unas gotas de zumo de limón

Preparación del caramelo para el flan de coco:

Ponemos en una sartén a fuego lento el azúcar y el agua, sin remover (al principio no debemos mover el azúcar con cuchara de madera porque se apelmazará). Veremos cómo poco a poco se empiezan a formar pequeñas burbujas y el azúcar cambia de color. Cuando suceda esto removemos, ahora sí, con una cuchara de madera. Así ayudamos a que se mezcle todo. Retiramos del fuego. Seguimos removiendo hasta que alcance ese color miel tostado del caramelo. Añadimos las gotas de zumo de limón, estas le van a dar brillo y harán que no cristalice rápidamente. Dejamos que se temple un minuto. Echamos el caramelo primero en el fondo. Vamos girando o ladeando poco a poco por las paredes de los moldes hasta que este todo impregnado de caramelo. Dejamos que se enfríe el caramelo hasta que este medio duro.

Preparación del flan:

En la licuadora mezclamos las leches, huevos y el coco rallado. Removemos bien y reservamos. Repartimos la crema del flan en cada molde y los colocamos en una bandeja que llenamos de agua hasta la mitad de la altura de los moldes. Con el horno precaliente a 170° C colocamos la fuente con los moldes en agua para que se cocinen a baño maría. Si empleamos moldes individuales, con quince o veinte minutos de horno sera suficiente. Si el molde es único, serán necesarios treinta y cinco o cuarenta minutos para que el flan quede totalmente cuajado. Quiero recordar que depende del horno que tengas en casa, los tiempos son aproximados. Retiramos los flanes del horno y dejamos que se templen a temperatura ambiente. Si lo deseamos también lo podemos hacer en solo ocho minutos como se explica en la receta anterior, donde lo cocinamos en el microondas. Este flan lo podemos decorar con dulce de coco.

Majarete con coco

Ingredientes:

2 libras de maíz molido

1 taza de azúcar

1/2 taza de leche

1/2 taza de leche de coco

1 taza de coco molido

2 ramitas de canela

1 cucharada de canela en polvo

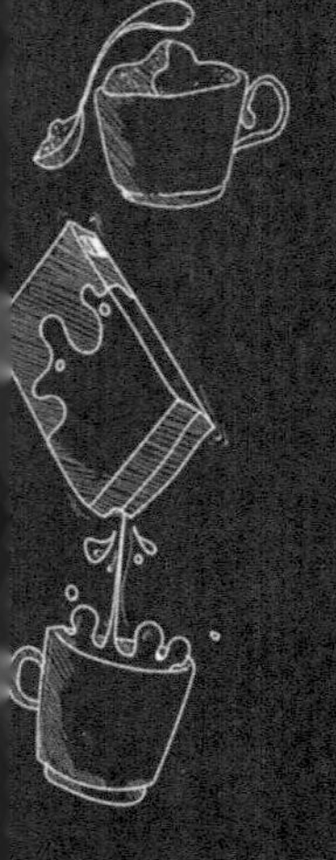

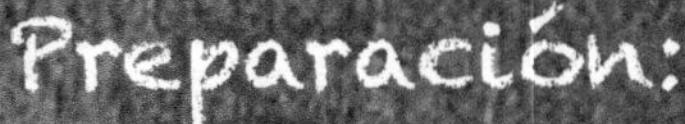

Preparación:

Ralla las mazorcas de maíz tierno o muele los granos de maíz dulce. Pásalos por un colador muy fino o exprime en un paño de gasa para extraer todo el jugo y separar la paja o pulpa de los granos. No deseches esa pulpa, con ella podrás preparar frituras u otras recetas.

Pon en una cazuela el jugo extraído del maíz molido y añade la canela, el azúcar y las leches. Cocina a fuego lento hasta que hierva. Agrega el coco y comienza a remover poco a poco para evitar que se desborde la cazuela. Debe espesar lentamente, hasta adquirir la consistencia de natilla. Sirve con canela en polvo por encima.

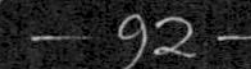

Natilla con caramelo

Ingredientes:

1 litro de leche

1 lata de leche condensada

4 cucharadas de azúcar blanca

5 cucharadas de caramelo

1 cucharada de extracto de vainilla

6 cucharadas de maicena

1 pizca de sal

Ingredientes para el caramelo:

200 gramos de azúcar

1/4 de vaso de agua

Preparación de la natilla:

Diluye muy bien la maicena en un poco de leche. Calienta el resto de la leche en una cacerola a la que agregarás el azúcar, una pizca de sal y la vainilla. Una vez que hierva, agrega la maicena previamente diluida con la leche. Es importante que la maicena no tenga grumos o pequeñas peloticas, de ser así cuélala antes de agregarle la leche. Cocina a fuego lento, cuando espese, antes de retirar de la llama, adiciona la leche condensada y mezcla. Termina de cocinar por unos minutos. Una vez lista cúbrela con caramelo y sírvela. Deja enfriar para consumir.

Preparación del caramelo:

Coloca el azúcar y el agua en una sartén a fuego lento para que no se queme el caramelo y mezcla con una cuchara de madera hasta que todos los ingredientes estén bien integrados. Cuando comience a adquirir color, tuéstalo un poco para que no espese mucho ni se queme. En cuanto esté, retíralo del fuego.

Torrejas de la abuela

Ingredientes:

3 huevos batidos

2 tazas de leche

1 cucharada de azúcar blanca

1 cucharada de vino seco

8 rebanadas de pan cortados de una pulgada de grueso

4 cucharadas de coco laminado tostado

Canela en polvo al gusto

1 taza de aceite

1 taza de almíbar

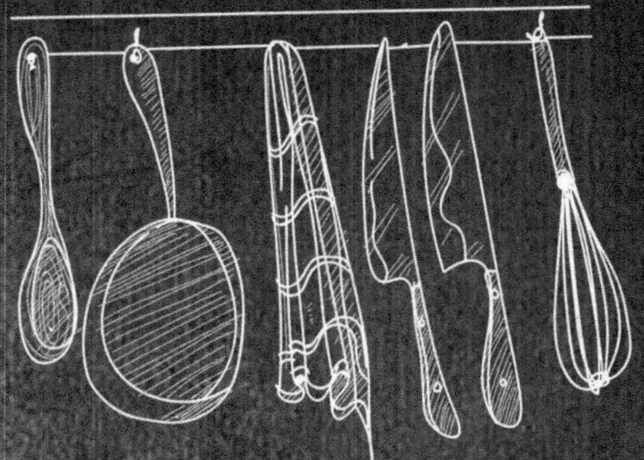

Preparación:

Mezcle la leche con el vino seco, el azúcar y la canela
en polvo. Pase las rebanadas de pan por la leche por
ambos lados sin que se empapen o pongan blandas.
Luego, páselas por el huevo batido y fría en el aceite
caliente. Voltéelas cuando estén doradas. Retírelas del
sartén y póngalas en un plato con papel toalla, para
escurrir el exceso de aceite. Sírvalas y cúbralas con el
almíbar y el coco laminado tostado.

Plátano a la tentación

Ingredientes

6 plátanos bien maduros

4 cucharadas de mantequilla

2 taza de azúcar

1 taza de vino seco

Canela en polvo al gusto

Preparación:

Se pelan los platanos y se colocan en un recipiente de hornear que contienen la mezcla de mantequilla, azúcar y vino seco. Se espolvorean con canela en polvo. Se introduce la preparación en un horno caliente y se cocina durante 30 o 40 minutos. Se sabe que los platanos estan terminados cuando su consistencia es algo blanda, espesa y de color dorado.

Malarrabia

Ingredientes:

4 boniatos medianos

2 1/2 taza de azúcar

5 hojas de naranja o la cascara de un limon

Canela en polvo al gusto

Preparación:

Se cortan los boniatos en dados o cuadritos pequeños. Se cocinan a fuego moderado en 3 tazas de agua hasta que se ablanden ligeramente. Se agrega el azúcar con las hojas de naranja o la cascara de limón y la canela en polvo. Se cocina hasta que el boniato se ablande completamente. pero no en demasía y el almíbar adquiera el punto deseado. pero no muy espeso.

Cascos de guayaba

Ingredientes

4 guayabas maduras medianas

2 tazas de agua para la cocción

3/4 taza de azúcar

1/2 cdta. de sal

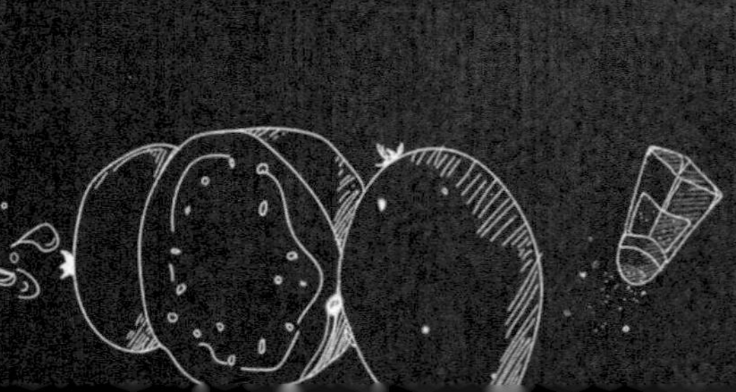

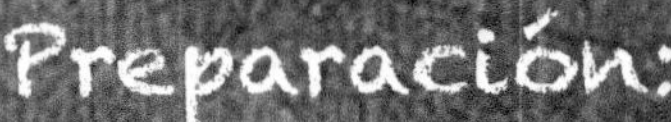

Preparación:

Seleccionar las guayabas maduras, pero de corteza gruesa y duras. Lavar y pelar. Aplicar un corte longitudinal a la mitad. Retirar las semillas. Colocar los cascos en un recipiente. Añadir el agua y la sal. Cocinar hasta que esten al dente. Retirar, escurrir y reservar. Añadir el azúcar al agua de cocción. Dejar reducir 20 minutos. Colocar los cascos dentro del almibar. Dejar cocer hasta que ablanden y el almibar tome punto. Servir los cascos de guayaba en almibar frios.

Niño que no llora, no mama:

Se aplica a cualquier situación en la que
quieres algo y por no pedirlo
no se te da.

Los mejores tips del programa

- Congelar verduras crudas (por ejemplo: cebolla, zanahoria, pimiento, puerro, apio), separadas en bolsitas para ser utilizadas para sofritos, sopas, etc.

- Mantener las especias lejos del calor de la cocina. El calor merma su frescura.

- Congelar verduras ya horneadas o cocidas por porciones (berenjenas, cebollas, calabacín, pimientos, etc.). Esta es una manera de ahorrar tiempo para cocinar.

- Tapar la bandeja con papel aluminio. Así se agiliza la cocción de alimentos en el horno y se conserva su sabor.

- Utilizar cortes de carne y partes de las aves que por lo general se desechan. Para un buen caldo de pollo, por ejemplo, se utilizan alitas en lugar del caparazón.

- Pochar el ajo en último lugar. Al hacer un sofrito, el ajo debe ser el último ingrediente, pues se quema con facilidad.

- Dejar marinar las carnes, verduras y otros alimentos durante la noche o cuando se está en horas de trabajo. Reduce el tiempo para cocinar e incrementa el sabor.

- El otro truco de cocina para que el pan quede crujiente otra vez es un poco más lento, pero no tampoco tardarás mucho. Se trata de introducir el pan en el horno, pero con la superficie humedecida previamente. Puedes mojar el pan con agua del grifo, ayudándote de las manos bien limpias o de un pincel de silicona.

- Para cocinar carnes, pescados o verduras en el microondas puedes hacerte con un estuche de silicona de buena calidad, ideal para cocinar al vapor, ya que los alimentos quedan completamente cerrados. Es una manera rápida y sana de cocinar, y los alimentos conservarán todas sus propiedades.

- Coge un cubo, rellénalo con agua de la pila y añade hielos. Añade unas cucharadas de sal y... ¡Listo! Bueno, casi, porque ahora queda introducir las bebidas en nuestro cubo. En 5 minutos tendrás tus bebidas bien frías, ¡y sin introducir hielos dentro del vaso!

- Con la piel de las frutas, puedes hacer ricas aguas aromatizadas con las que acompañar a tus comidas. Las pieles de la piña, la manzana, la pera o los cítricos son ideales para esta mini receta. Hierve una olla con agua y añade la piel de tu fruta elegida. Deja la mezcla al fuego unos minutos, como si de un caldo se tratara, y deja enfriar. Puedes añadir un poco de azúcar, pero no es necesario.

- Para evitar que tus recipientes de comida agarren mal olor, puedes probar a lavarlos con agua caliente, que ayudará a que se limpien mejor. Si una vez secos notas que siguen desprendiendo olor a comida, prueba un sencillo truco: haz bolitas con papel de periódico, métetelos en tu recipiente y cierra la tapa.

- Descongelar a temperatura ambiente, aunque es lo más común, puede hacer que se desarrollen bacterias. Si quieres acelerar el proceso, en el caso de la carne, puedes cubrirla con agua fría, cambiando el agua varias veces durante 2 o 3 horas, que es lo que tardará en descongelarse.

- El batch cooking es un método que se ha puesto muy de moda en el que dedicas un día de la semana a dejar preparados alimentos para varios días. El batch cooking es una fusión entre la cocina de aprovechamiento y la dieta saludable, ya que la idea es aumentar el consumo de "comida real" en detrimento de los alimentos procesados, aprovechando todo lo que tienes en la nevera.

- Si un platillo terminado resultó tener demasiada grasa, con facilidad podrás eliminar el exceso de aceite con un par de cubos de hielo y toallas de papel. Envuelve los cubos de hielo en unas servilletas, y pásalos por la superficie del platillo. El hielo atrae la grasa como un imán, y ésta se congelará en la servilleta.

- ¿El papel de plástico se estira y se rompe frecuentemente? Guárdalo en el refrigerador tal como lo hacen todos los chefs del mundo. El film frío es fácil de manipular, se adhiere menos a las manos y no causa irritación.

- Pela los huevos cocidos de una manera sencilla. Agrega bicarbonato de sodio o vinagre a la cocción. Ambos elementos penetran en la cáscara y facilitan que se despegue de la clara de huevo.

- Ralla queso blando sin que se quede en el rallador. Antes de rallar el queso, déjalo en el congelador por 30 minutos. El queso endurecido no se pegará al rallador.

- No llores picando la cebolla. Antes de picar la cebolla, déjala en el congelador por 30 minutos. Aunque este método sólo es bueno si luego vas a freírla o cocerla; no deberías usarlo para la preparación de ensaladas.

- Cocina un pollo entero rápidamente. Al rostizar el pollo entero (o cualquier otra ave), ponlo sobre la pechuga, ya que esta parte del ave tiene la mayor cantidad de carne: cuanto más cerca esté a la fuente del calor, más fácil y rápido se preparará.

- Calienta los alimentos horneados correctamente. Para calentar en microondas pizza o cualquier otro alimento horneado, pon a un lado un vaso con agua. De esta manera la humedad evaporada no dejará que la corteza del horneado se reseque.

- Conserva las hierbas para cocinar. Para que todas las propiedades de las hierbas se conserven, congélala en moldes para hielo. Puedes usar agua o aceite de oliva.

- Almacena nueces peladas de manera adecuada.

- Congela nueces sin cáscara, de esta manera conservan todas las propiedades beneficiosas, sabor y aroma. Echa las nueces peladas en un recipiente hermético, ciérralo bien y ponlo en el congelador. No hay que freír previamente las nueces peladas, o perderán todas sus propiedades nutritivas. Otra ventaja de este tipo de almacenamiento es que las nueces no obtendrán el sabor amargo que se forma con el tiempo cuando las almacenamos a temperatura ambiente.

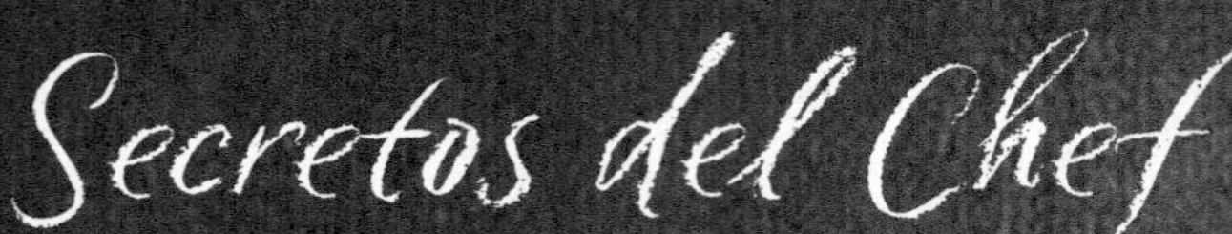

Secretos del Chef

- Las recetas que llevan fécula o almidón de maíz, pueden ser reemplazadas por la misma cantidad de harina.

- Las marinadas en general, deben ser conservadas en el refrigerador. (A temperatura ambiente los alimentos generan bacterias.)

- Para sacarse el olor a ajo de las manos, pasarlas por el chorro de agua fría por un ratito sin frotar y sin usar jabón.

- Para suavizar el sabor del ajo, solo hay que darle un golpe de hervor antes de empezar a preparar el plato. El gusto es menos fuerte y es más fácil de digerir.

- Para que el perejil luzca fresco, sumergirlo en un recipiente con agua fría con los tallos hacia arriba y dejarlo en el refrigerador hasta el momento de usar.

- Para que las salsas que llevan aceite no se corten, no se deben recocinar y salar hasta el final.

- Para quitarse el color de la remolacha de las manos, se debe usar partes iguales de azúcar, aceite y jugo de limón. Frotarse y enjuagar con agua tibia y luego fría.

- Para recuperar el pan que quedó del día anterior y se nota gomoso, pasarlo bajo la pila de agua fría y colocarlo en el horno.

- Para las marinadas, hacerlas en un recipiente que no reaccione contra los ácidos. Evitar el metal. Los recipientes de cerámica, vidrio o barro son los ideales. Una marinada lleva tiempo de descanso y el material donde se realiza puede llegar a ser tóxico para el alimento.

- Las frituras no son buenas si el aceite está usado o la temperatura no es la adecuada. Si el aceite es nuevo y la temperatura no supera los 180° no hay problema.

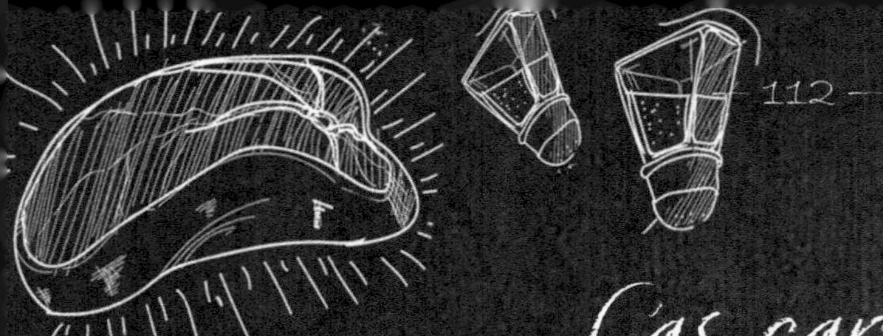

Las carnes

- Cualquier tipo de carne debe desgrasarse antes de su cocción para cualquier dieta.

- Para que las carnes no se sequen y no pierdan sus jugos se les debe "sellar". Para esto, se calienta a fuego fuerte una sartén lubricada con alguna materia grasa (aceite o manteca) y se dora el corte de carne por todos sus lados. Después se continuará con la cocción.

- Para evitar el consumo excesivo de sodio, se debe salar la comida una vez terminada su cocción.

- Para preparar pucheros y /o sopas con carne, la misma debe colocarse en una olla con agua fría, en cambio para que una carne sea sabrosa se coloca en agua hirviendo con un ramito de hierbas y sal hasta finalizar su cocción.

- El asado hecho en un buen carbón de leña tiene un sabor especial porque al hacer humo, impregna la carne que se está asando.

- Para hacer un pollo a la parrilla, se abre por la mitad a lo largo, pero dejándolo unido en el espinazo; se coloca sobre el fuego no muy fuerte y se va untando con aceite vegetal y limón mientras se asa. Se coloca la parte interna para abajo, y cuando está doradita esta parte, se da vuelta para dorar del otro lado.

- El yogur sirve para macerar carnes duras, así como también para espesar salsas. - La disyuntiva entre los amantes del asado, es si salarlo antes o después. Los que lo salan antes lo hacen porque creen que mientras se va cocinando, la sal penetra y le da un gusto especial al asado y los otros sostienen que lo salan después de cocido porque el sabor de la sal con el asado crocante es el especial. La solución salomónica sería salarlo antes y después.

- Antes de poner en un grill cualquier carne, sean aves, pescados o carnes rojas marinarla durante diez minutos con un poquito de aceite, sal sin sodio o bajo contenido de sodio, pimienta negra recién molida, jugo de limón, vino blanco y un chorro de aceite. De esta manera se realzará el gusto de la carne.

Los pescados y mariscos

- Es muy importante que los pescados y mariscos no corten la cadena de frío. Si se los compra congelados, ponerlos inmediatamente en el congelador.

- El pescado debe lucir brillante, de buen color y debe tener los ojos abiertos y brillantes.

- Cuando se compran camarones cocidos, no se deben volver a cocinar porque quedan duros. Se remojan en caldo de verduras y luego incorporarlos a la salsa.

- Los camarones crudos son de color gris. Cuando se cocinan toman un color rosado. Su cocción es muy rápida y si se pasan quedan duros o gomosos. Son ideales para dietas hipocalóricas y tienen mucho valor proteico.

- Conviene sazonar los filetes de pescado con jugo de limón y dejarlos durante una hora más o menos en el refrigerador antes de cocinarlos para que queden firmes y no se desintegren cuando se cocinen.

- El pescado debe ser hervido a fuego suave para que la carne no se deshaga.

Las frutas y vegetales

- Las berenjenas deben estar lisas, sin manchas y turgentes para asegurarse de que sean frescas. Cuanto más chiquitas, menos semillas. - Para quitarles el ácido a las berenjenas, colocarlas cortadas en una fuente, cubrirlas con sal y dejarlas por lo menos 3/4 de hora. Luego lavarlas y cocinarlas.

- Para que los limones rindan más y se pueda aprovechar bien su jugo, antes de exprimirlos, se deben dejar un buen rato sumergidos en agua caliente o se pueden meter unos segundos en el microondas.

- Para que el tomate no se deshidrate y luzca bien, salarlo antes de servir.

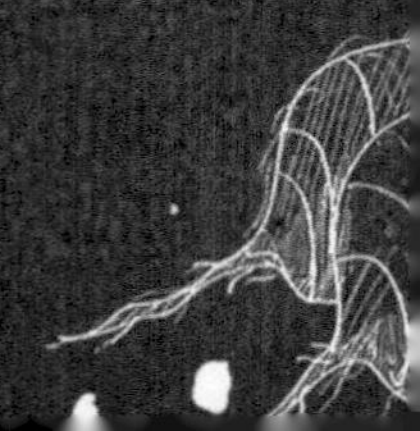

- Cuando las papas se hierven con cáscara pueden ser guardadas en el refrigerador sin pelarlas.

- Para que el ajo no caiga mal ni cause acidez, cortarlo al medio y sacarle el brote blanco y verde del centro.

- Para pelar los ajos fácilmente se les puede dar un hervor rápido.

- Para pelar los tomates fácilmente, hacerles un corte suave en forma de cruz en un extremo, sumergirlos en agua hirviendo y luego pasarlos por agua fría y pelar.

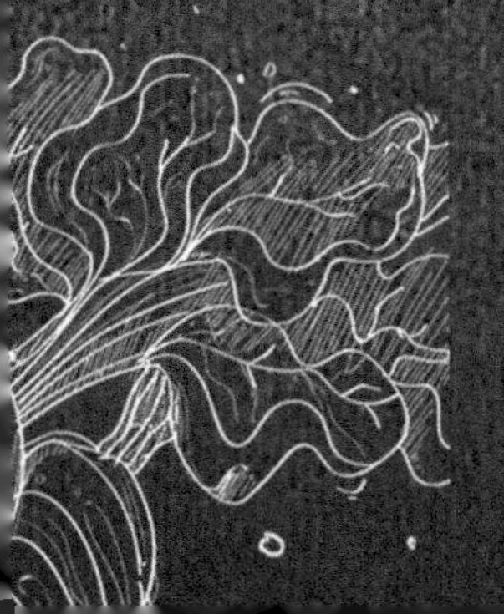

Los postres

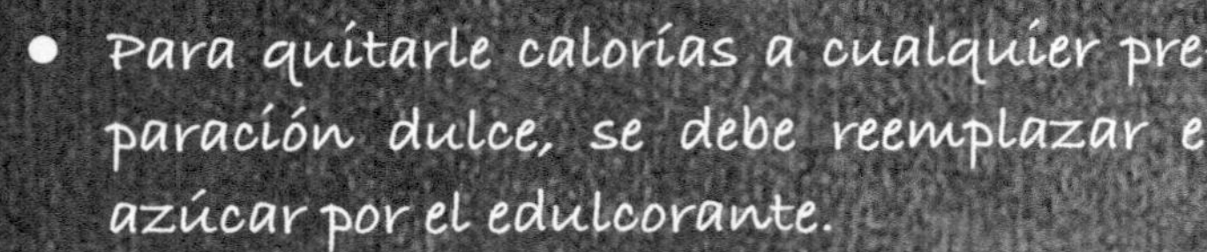

- Para quitarle calorías a cualquier preparación dulce, se debe reemplazar el azúcar por el edulcorante.

- Para las preparaciones que necesiten cocción, se utilizan edulcorantes aptos para llevar al fuego.

- Una aliada para darle consistencia a cualquier postre es la gelatina.

- Para reemplazar salsas dulces se puede recurrir a mermeladas dietéticas licuadas con agua o té especiados con jugos de fruta natural.

- Para reemplazar dos barritas de chocolate: 1 y 1/2 cucharadita de cacao amargo descremado con edulcorante líquido a gusto.

- Para desmoldar mejor una gelatina, mousses, flanes o pudines, pasar la fuente por agua.

- Para las frutas que necesitan cocción, se recomienda utilizar una olla de fondo grueso y mantener un hervor bien bajo para que no se rompan durante la cocción.

- Para lograr un merengue perfecto es muy importante que no haya ningún resto de yema o residuo de materia grasa en el recipiente donde se va a batir el merengue. Este tardaría mucho más en formarse, podría quedar blando o manchado si hubiera residuos de yema.

- Para que las claras de un merengue no se corten no deben batirse en exceso.

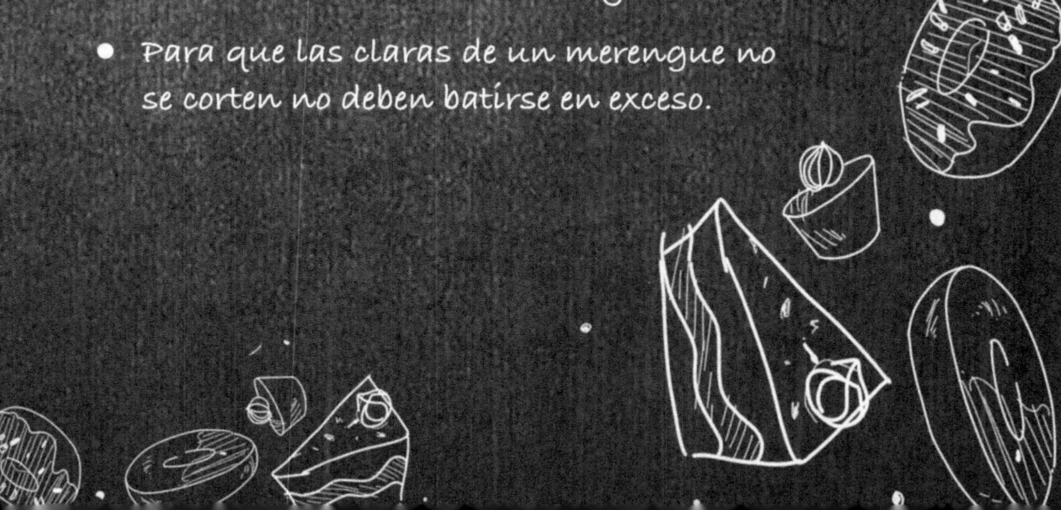

Términos de cocina

- Aderezar, sazonar una preparación: También se utiliza para definir la operación de darle a un plato una presentación más vistosa.

- Adobar: Poner un género crudo (lo más normal son los productos del cerdo, costilla, lomo, etc.) en un preparado llamado adobo que consiste en pimentón, especias y sal para darle un aroma especial.

- Aromatizar: Añadir a una preparación elementos con aromas acusados (especias, hierbas aromáticas, entre otras.)

- A punto: En su justo punto de cocción o sazonamiento.

- Blanquear: Poner un género en agua fría hasta que comience a hervir, con el fin de quitar malos olores, el exceso de sal, precocinar, etc. (Dar un hervor o cocer a medias).

- Cincelar: Hacer incisiones en una pieza para facilitar su proceso de cocción, generalmente en los asados.

- Cocer al baño de María: Cocinar un género dentro de un recipiente, que a su vez está dentro de otro que contiene agua caliente. Se utiliza para determinadas elaboraciones que van en moldes, o para calentar líquidos más o menos espesos que al fuego directo se agarran con facilidad.

- Cocer al vapor: Cocinar un género con vapor de agua. Con esta técnica conseguimos que la pérdida de sabor y los nutrientes sea mínima.

- Colar o filtrar: Pasar por un chino. Filtrar un líquido a través de un colador.

- Colador chino: De forma cónica con trama muy fina. Se utiliza para obtener salsas lisas; entre otras cosas.

- Condimentar: Añadir a un género elementos que vayan a proporcionar color, sabor y aroma.

- Cortar en Juliana: Cortar las verduras en tiras muy finas.

- Dorar: Adquirir o tomar color dorado un género mediante calor.

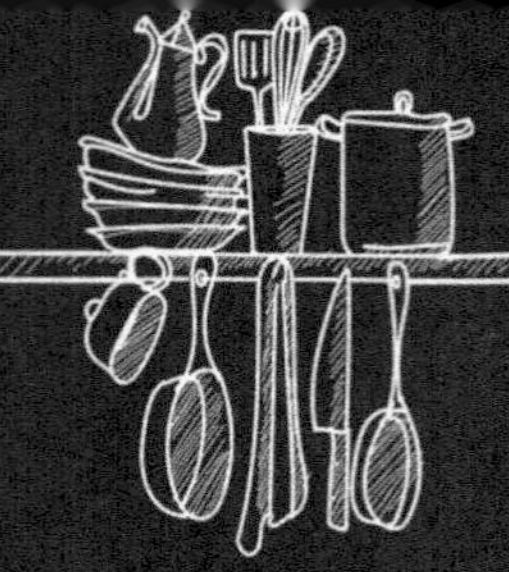

- Empanar: Pasar un género por harina, huevo y pan rallado, para ser cocinado posteriormente con objeto de recubrirlo de una protección que hace que quede más jugoso.

- Escaldar: Introducir un género en un líquido hirviendo durante un corto espacio de tiempo para facilitar su pelado, reducir su volumen o precocinarlo.

- Emplatar: Colocar los alimentos ya terminados y listos para servir en una fuente o plato, atendiendo a la decoración.

- Emulsionar: Juntar dos géneros incompatibles, agua y grasa, para formar un género homogéneo. Se puede hacer por un medio manual o mecánico. Para que la emulsión permanezca estable necesitaremos un agente emulsionante. Por ejemplo; el aliño para ensaladas.

- Enharinar: Se le llama así a la operación de pasar un género (pollo, carne, entre otras.) por harina.

- Espumar o desespumar: Retirar la espuma que se produce en los líquidos al llegar al punto de ebullición (fondos, potajes, caldos y mermeladas) y que queda flotando en la superficie del líquido.

- Estofar: Cocinar un género desde frío en compañía de elementos de condimentación, tapado y a fuego suave, provocando la exudación de los alimentos y un intercambio de sabores.

- Filetear: Cortar un género en lonchas finas y alargadas (por ejemplo: filetes de pescado, carne para milanesas, etc.)

- Gratinar: Tostar en el horno la capa superior de un preparado.

- Hidratar: Poner un género en remojo para que adquiera una consistencia blanda (pasas de uva, ciruelas secas, gelatinas, etc.)

- Ligar: Espesar o dar cuerpo a una preparación por medio de un elemento de ligazón, féculas y emulsiones.

- Macerar: Poner un género cualquiera en compañía de líquidos, especias, vinos o licores, para que tome el sabor de estos.

- Marinar: Introducir un género crudo dentro de una preparación que variará dependiendo del resultado que queramos obtener. Después puede llevar una técnica culinaria o consumirse crudo. Se utiliza para aromatizar, ablandar, quitar malos olores y conservar a muy corto plazo.

- **Mechar:** Introducir en una pieza de carne cruda ingredientes para aportar grasas en el interior de esta y evitar que quede seca.

- **Rebajar:** Añadir agua u otro líquido a un preparado para disminuir su sazonamiento, densidad o color.

- **Rebozar:** Pasar una vianda por harina y huevo batido antes de cocinarla.

- **Rectificar:** Poner a punto una preparación, tanto de sal, condimentos, color y espesor.

- **Reducir:** Disminuir el volumen de una preparación por evaporación, consiguiendo una mayor concentración del sabor y del espesor.

- **Rehidratar:** Aportar a un género desecado previamente, un líquido para que adquiera y recupere su agua de constitución.

- **Rehogar o pochar:** Ablandar un género en materia grasa (rocío vegetal, aceites o margarina), tapado y a temperatura moderada de forma que no tome color.

- **Reservar:** Dejar una preparación cruda o cocinada total o parcialmente lista para su elaboración final.

- Salpimentar: Añadir sal y pimienta a una preparación.

- Saltear: Cocinar un género total o parcialmente con un poco de materia grasa caliente para que quede dorado. No tapar el alimento durante el proceso de cocción.

- Sazonar: Añadir sal a una preparación, por extensión se emplea como sinónimo de aderezar o condimentar.

- Sellar: Cocinar brevemente los alimentos en una materia grasa a fuego fuerte para que la corteza tome un color dorado. También se puede hacer en horno o parrilla. Se utiliza para conservar los jugos del interior de las carnes.

- Tamizar: Convertir un género sólido acompañado de un líquido en un puré utilizando un tamiz o pasapurés.

- Tornear: Recortar las aristas de un género para darle una forma regular, redonda u ovoide; por ejemplo, papas, zanahorias, entre otras.

Consejos de limpieza

Limpia los sartenes de hierro fundido correctamente.

Para que los sartenes de hierro fundido no se cubran con óxido, no los limpies con los detergentes que acostumbras usar. Para ello es mejor utilizar sal. Además, este método te ayudará a quitarle el aroma de las especias que usaste al cocinar.

Elimina el aroma desagradable de tus manos luego de cocinar.

Para librar tus manos del olor excesivo de cebolla o ajo, utiliza limón y bicarbonato de sodio. Simplemente frótalo en tus manos y luego lávatelas con agua abundante.

Haz que las ollas brillen como nuevas.

Para regresarles el brillo a las vasijas cromadas, lávalas con una solución de agua con vinagre. Si no tienen ningún elemento eléctrico, para lograr un mejor efecto, puedes remojar los trastos en la misma solución toda la noche.

Devuelve a las cucharas de madera sus mejores condiciones.

Las cucharas de madera y las espátulas con el tiempo pierden su forma y adquieren un olor desagradable. Parece que sólo hay una salida: tirarlas. Pero si te da lástima desprenderte de tus fieles ayudantes de cocina, hay una solución. Hierve las cucharas de madera en agua y sécalas al sol. De esta manera te desharás de los malos olores y les darás una segunda vida.

Limpia adecuadamente las tablas de madera para cortar.

Para eliminar el olor y los restos de alimentos de una tabla de madera, frótala con sal gruesa y déjala así por 10 o 15 minutos. Después de esto frótala con la mitad de un limón y sécala. Este procedimiento no dejará ni un rastro de los olores desagradables.

Mantén tus recetas en limpieza.

Muchas veces preparamos la comida basándonos en un libro de recetas o nuestros propios apuntes. Suele ser muy difícil ubicar el libro sobre la mesa en la página que necesitas, y además esta posición no te garantiza que las hojas no se llenarán de salpicaduras mientras cocinas. Para proteger de la suciedad tus libros de cocina, utiliza una percha para pantalones. Los ganchos fijarán la página deseada y mientras que esté colgado el libro estará más seguro.

Como organizar de manera correcta nuestro refrigerador

El refrigerador no está hecho para que metas las cosas donde quepan y todo sea un completo desastre. De hecho, además de que luzca ordenado, si lo organizas de forma correcta, la comida puede hasta durar más tiempo fresca.

Aquí te mostramos como hacerlo ordenado

En primer lugar, por temas de eficiencia energética y seguridad alimentaria debemos limpiar bien la nevera como mínimo una vez al mes. Para hacerlo bien y eliminar bacterias y malos olores sólo tienes que añadir en un recipiente agua templada con bicarbonato de sodio. Lava bien con la mezcla, frotando con un trapo. Seguidamente seca. Puede dejar un recipiente con un poco de bicarbonato de sodio para que absorba los malos olores o para que no se mezclen los olores de los alimentos.

Para colocar correctamente los alimentos debemos tener localizadas las diferentes temperaturas de cada zona. Normalmente la zona más fría es la que está más cerca del congelador. Así que si tienes el congelador en la parte superior de la nevera la parte más fría será la zona más cercana a él, la superior. Y al revés si tienes el congelador abajo. La temperatura general de la nevera debe estar entre 3° y 5°. Guarda los alimentos en su zona de frío correspondiente. Intenta que los alimentos no se toquen el uno al otro ni tampoco toquen con las paredes del refrigerador. De esta manera conseguirás que el aire circule correctamente por la nevera y que cada alimento conserve la temperatura que le corresponda. No introduzcas nunca alimentos calientes en la nevera, ya que cambiarían la temperatura y algunos alimentos se te pueden estropear. Además, también ahorrarás, ya que de lo contrario un cambio brusco de temperatura obligará al refrigerador a mantener el frío, por lo que deberá trabajar más, gastando extra de electricidad. Coloca siempre los alimentos según fecha de caducidad. Los que caducan antes ponlos delante de los que caducan más tarde. Así no tendrás perdidas de dinero y provisiones. Envuelve siempre los alimentos, así evitas la proliferación de bacterias. Y, por ejemplo, para que el jamón dulce (o de york) dure más envuélvelo en papel film y guárdalo en un recipiente hermético. Evitarás que se estropee tan pronto. Deja los alimentos crudos en la parte inferior de la nevera, de ser posible en recipientes, para evitar que desprendan líquido y manchen otros alimentos.

Te cogieron asando maíz:

Te atraparon con las manos en la masa.

Yeikel Santos Pérez
(La Habana, Cuba 1987)

Más conocido por todos en Miami como el "Pequeño Gigante de la cocina", Yeikel es fundador del Proyecto comunitario habanero **Vida sana, aire puro**. Por muchos años colaboró con el movimiento italiano Slow Food. Ha sido ganador de diversos premios por su participación en eventos nacionales e internacionales de cocina. Durante dos años condujo la sección **"En la cocina de Yeikel"**, del programa juvenil **Lo tenemos en mente** del Canal Educativo de la televisión cubana. Para el Canal Habana creó el espacio de cocina **"Toque Habanero"**, del que fue anfitrión y guionista. En este programa compartió con muchísimas figuras del arte cubano. Colaboró además con la revista Pionero y, por más de nueve años, escribió para la sección de cocina **"A la mesa"** de la revista Somos Jóvenes, ambas publicaciones de la Editora Abril. Con esta misma editorial sacó a la luz su primer libro para niños titulado **Coloreando frutas y vegetales**. En el programa **De Mañana**, de la emisora Radio Taíno, condujo por más de ocho años la sección **"A la mesa"**. Asimismo, colaboró con otros programas radiales como **Pensando en ti**, de Radio Progreso. Cursó un semestre y medio en el Colegio Culinario de Morelia, Michoacán, México. Ha desarrollado diversas actividades en beneficio de los niños con cáncer y colaboró con la organización de ayuda humanitaria italiana Semi di Pace (Semilla de Paz). Graduado en el año 2016 en

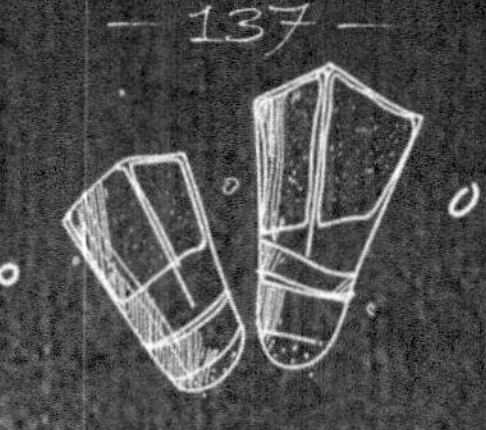

el prestigioso colegio Culinario de Miami Le Cordon Bleu, ha sido ganador del premio Best in the Word con su libro **En la cocina de Yeikel**, y obtuvo el primer lugar en la categoría de Celebrity Chef fuera de Europa, en los premios Gourmand, celebrado en la ciudad de Yantai, China, en el 2018. Ha colaborado con diferentes programas de cadenas importantes de televisión como Telemundo 51, América TV y Mega TV. Desde el año 2017 es uno de los talentos del segmento de cocina del programa "El news Café", de la cadena Univisión 23, donde todos los viernes propone tips de cocina. Atesora también otro libro, **Yeikel... con un toque habanero**, el cual, junto al resto de su obra editorial, están disponibles en Amazon y todas las librerías locales de Estados Unidos. Publicó ya su cuarto libro dedicado a la conservación de alimentos. A propósito, su título **Cocinando con Yeikel**, con diversas recetas para todos los gustos, está entre los finalistas para el Best in the World 2021. Recientemente abrió su compañía para generar contenido en las redes sociales sobre restaurantes y otros emprendimientos gastronómicos. Participó en los premios Gourmand 2021 celebrado en París, Francia, donde su libro **"En la cocina de Yeikel"** quedó premiado entre los mejores libros, Best of the best durante los 25 años de los premios Gourmad World cookbook Awards.

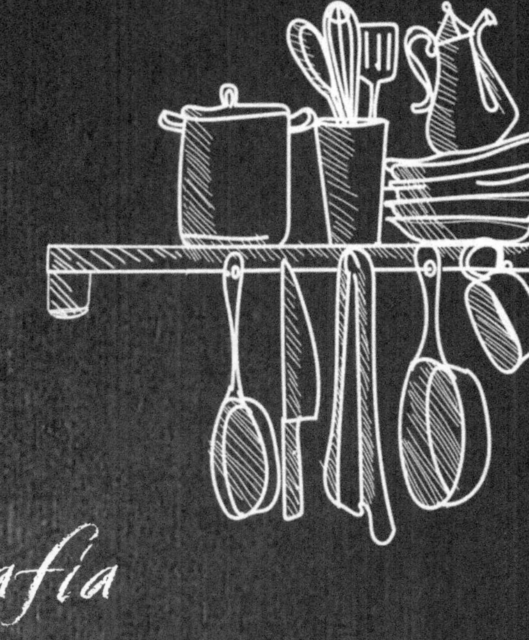

Bibliografía

Los mejores 10 trucos de cocina para hacerte
la vida más fácil (pronto.es)

21 Trucos esenciales para la cocina que pocas
personas conocen (genial.guru)

IMUSA®

Imusa USA

#1 Hispanic and Internacional Cookware Company

: @imusausa

: www.imusausa.com

Smile Perfect
Dental Health Center

Orthodontics. Oral Surgery. Endodontics
Periodontics. Cosmetic Dentistry

📍: 580 E 49 St. Hialeah
FL 33013

10511 North Kendall Drive
Suite c 101,
Miami. Fl. 33176

📞: +1 (305) 557-6711

📷: @Smileperfectdentalhealthcenter

📘: @Smileperfectdentalhealthcenter

🌐 www.easthialeahental.com

BR Insurance Corp

📍: 1200 NW 78th Ave
Suite 300,
Doral, FL 33126

📞: +1 (786) 542-5787
+1 (305) 303-6491

: @BRInsuranceCorp

: @br.insurance

: www.brinsurancecorp.com

Dermabless

📍: 7801 Coral Way #106,
Miami, Fl 33155

📞: +1 (305) 922-1460

📷: @dermabless

Dermabless

📍: 7801 Coral Way #106,
Miami, Fl 33155

📞: +1 (305) 922-1460

📷: @dermabless